발 행 일	2025년 05월 16일(1판 1쇄)
I S B N	978-89-5960-505-7(13000)
정 가	14,000원

기 획	렉스기획팀
집 필	김도화
진 행	이영수
본문디자인	디자인앨리스

발 행 처	㈜렉스미디어
발 행 인	안광준
주 소	경기도 파주시 정문로 588번길 24
홈 페 이 지	www.rexmedia.net

※ 이 책은 저작권법에 따라 보호를 받는 저작물이므로 무단 전재와 무단 복제를 금지하며, 이 책 내용의 전부 또는 일부를 이용하려면 반드시 ㈜렉스미디어의 서면동의를 받아야 합니다.

타자 연습 기록표 만들기

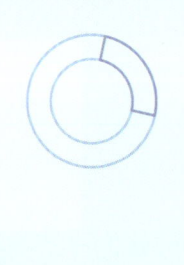

구분	날짜	오타수	정확도	확인란
1	월 일			
2	월 일			
3	월 일			
4	월 일			
5	월 일			
6	월 일			
7	월 일			
8	월 일			
9	월 일			
10	월 일			
11	월 일			
12	월 일			

구분	날짜		오타수	정확도	확인란
13	월	일			
14	월	일			
15	월	일			
16	월	일			
17	월	일			
18	월	일			
19	월	일			
20	월	일			
21	월	일			
22	월	일			
23	월	일			
24	월	일			

목 차

01 인공지능이란 무엇일까요? 006
- 인공지능 실습하기

02 행복한 우리집을 인공지능으로 그려보아요 012
- 인공지능 오토드로우 학습하기

03 인공지능아~ 내 그림을 맞춰봐! 018
- 인공지능 퀵드로우 학습하기

04 인공지능과 대결해 보아요 024
- 인공지능 스캐치-rnn으로 그림그리기
- 그림판에서 편집하기
- 인공지능이 조작한 이미지 및 동영상을 찾아보기

05 전세계 예술관을 살펴보아요 030
- "구글아트 앤 컬쳐" 예술관 체험하기
- 구글웹 '망고툰' 학습하기

06 인공지능 밑그림 자동 채색 038
- 인공지능 채색 '페탈리카 페인트' 학습하기
- 파워포인트로 메모지 만들기

07 이미지를 멋진 초상화로 044
- 초상화 생성하기
- 파워포인트로 거실액자 만들기

08 텍스트로 인공지능 이미지 생성하기 052
- 파파고 번역기 사용하기
- 텍스트로 이미지 생성하기

09 이미지로 AI 이미지 생성하기 058
- 이미지를 AI 이미지로 생성하기

10 AI 명함 만들기 064
- AI 명함 만들기

11 파워포인트로 명함 꾸미기 070
- 파워포인트로 명함 꾸미기

12 생성형AI와 실크아트 그리기 076
- 실크아트AI로 그림 그리기
- 망고툰으로 예술작품에 제목 만들기

| 13 | 사진 배경 삭제하기 | 084 |

- 리무브비지로 이미지 배경 투명하게 제거하기
- 파워포인트로 키링 만들기

| 14 | 인공지능 만화 캐릭터 만들기 | 092 |

- AI 만화 캐릭터 만들기
- 파워포인트로 뱃지 디자인하기

| 15 | 클린업픽쳐스 틀린그림찾기 게임 | 098 |

- 클린업픽쳐스에서 이미지 지우기
- 파워포인트에서 틀린그림찾기 게임 만들기

| 16 | 포토퍼니아로 사진합성하기 | 106 |

- 포토퍼니아로 사진 합성하기
- 망고툰으로 합성네컷 만들기

| 17 | 나만의 음악 작곡하기 | 116 |

- 두들바흐 음악 작곡하기
- 파워포인트에 음악 파일 삽입하기

| 18 | 인공지능으로 오페라 만들기 | 124 |

- 블롭 오페라 만들기
- 파워포인트에 링크 삽입하기

| 19 | 인공지능 말하는 사진 만들기 | 130 |

- 비드노즈 아바타 생성하기
- 파워포인트에 비디오파일 삽입하기

| 20 | 인공지능 발렌타인데이 영상 만들기 | 136 |

- 아바타로 사용할 이미지 다운로드 하기
- 비드노즈 영상 만들기
- 파워포인트에 비디오파일 삽입하기

21	창의력작품만들기 01_오토드로우로 동물농장 만들기	144
22	창의력작품만들기 02_틀린그림찾기 게임북 만들기	146
23	창의력작품만들기 03_AI 초상화로 친구소개하기	148
24	창의력작품만들기 04_비드노즈 새해영상편지 만들기	150

CHAPTER 01 인공지능이란 무엇일까요?

학습 목표
- 인공지능에 대해 학습하고 동영상을 시청합니다.
- 인공지능으로 할 수 있는 것들에 대해 알아봅니다.

완성작품 미리 보기

📁 불러올 파일 : 없음   📁 완성된 파일 : 없음

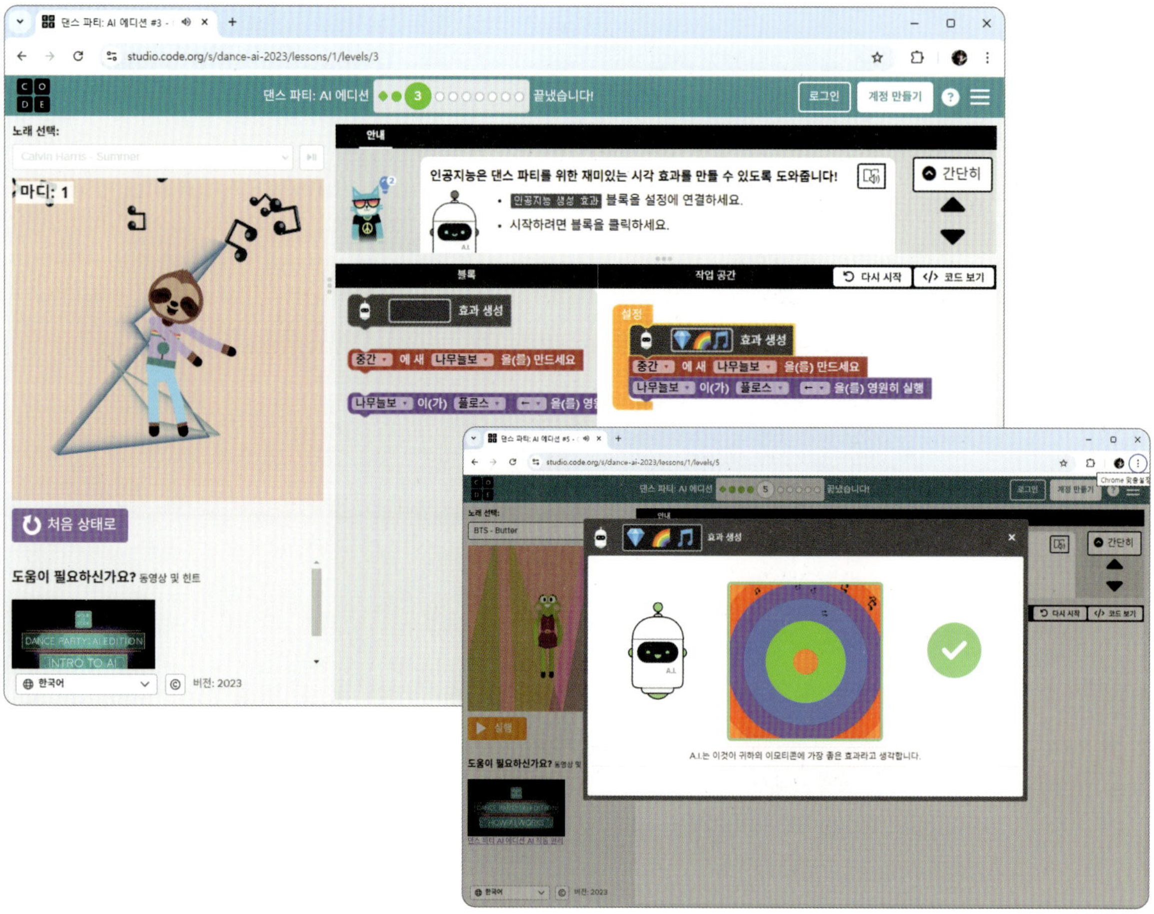

생성형 인공지능(Generative AI) 이란?

생성형 AI는 기계 학습 알고리즘을 활용해 새로운 데이터나 콘텐츠를 생성하는 인공 지능의 한 분야입니다. 즉, 스스로 새로운 콘텐츠를 생성할 수 있는 모든 유형의 인공지능을 뜻합니다. 생성형 AI 콘텐츠에는 텍스트, 이미지, 비디오, 음악, 번역, 요약 및 코드가 포함됩니다. 또한 주관식 질문에 답하고 거의 임의적인 지침을 실행하고 채팅에 참여하는 등의 특정 작업을 완료할 수도 있습니다.

1 인공지능 실습하기

❶ 바탕화면의 '크롬 아이콘()'을 더블클릭하여 실행합니다.

❷ 구글 주소 창에 "code.org/dance"를 입력한 후 Enter 를 눌러 이동합니다.

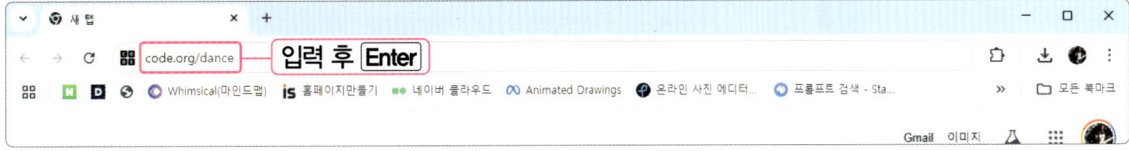

❸ 댄스 파티 선택 화면이 표시되면 [댄스 파티: AI에디션 시작하기]를 클릭합니다.

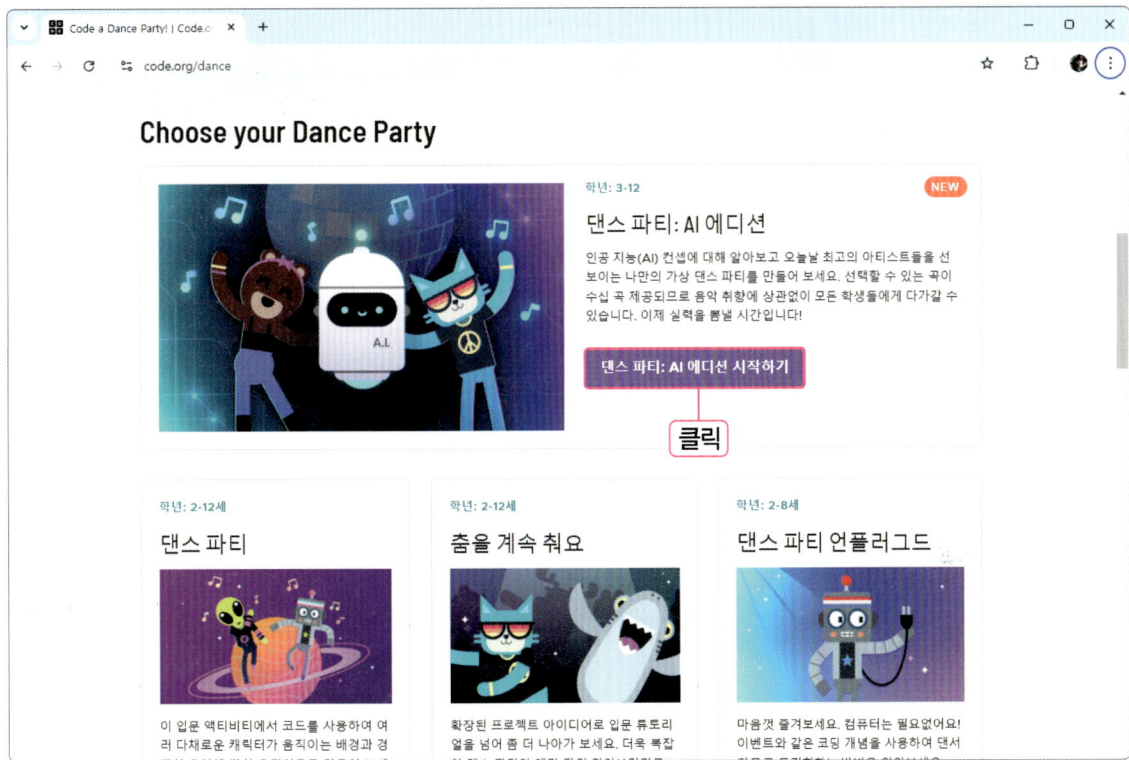

❹ '동영상: 댄스파티 AI 에디션' 레벨1 동영상이 나옵니다. 빠르게 진행하려면 영상 하단의 [계속하기]를 클릭한 후 학습 나이 선택 화면이 표시되면 나이를 선택 후 [확인]을 클릭합니다.

Chapter 01 인공지능이란 무엇일까요? • **007**

❺ 댄스파티 레벨2로 이동하면 블록을 작업공간으로 드래그하여 조립합니다. 이때 음악, 캐릭터, 위치, 춤 종류 등을 선택하여 바꾸고 [실행]을 클릭하여 실행해 봅니다.

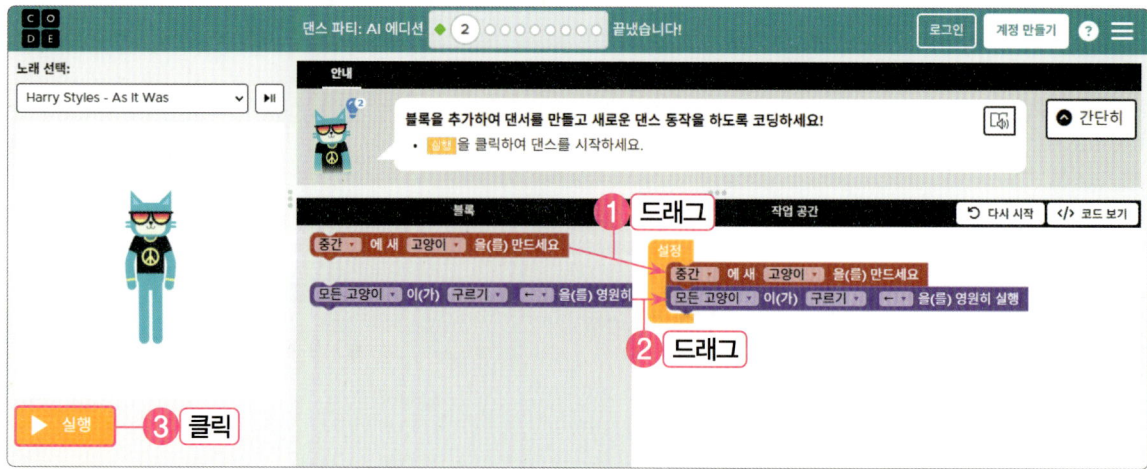

❻ 실행 결과를 확인 후 2번 퍼즐의 해결 화면이 표시되면 [계속]을 클릭합니다.

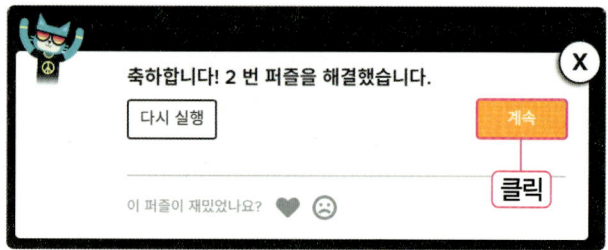

❼ 레벨3은 AI효과 블록이 추가됩니다. 효과 생성 블록을 그림과 같이 작업 공간의 블록 묶음 위쪽에 드래그하여 연결 후 블록 안의 를 클릭합니다.

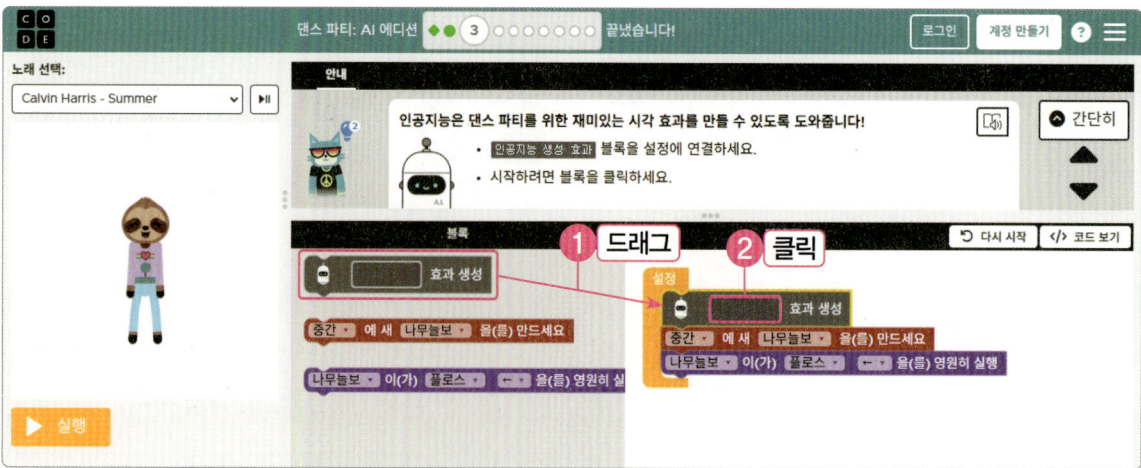

❽ 효과 생성을 위한 대화상자가 표시되면 원하는 이모티콘을 3개 선택 후 [생성]을 클릭합니다. 인공지능(AI)에 의해 효과가 만들어지면 [효과 사용]을 클릭합니다.

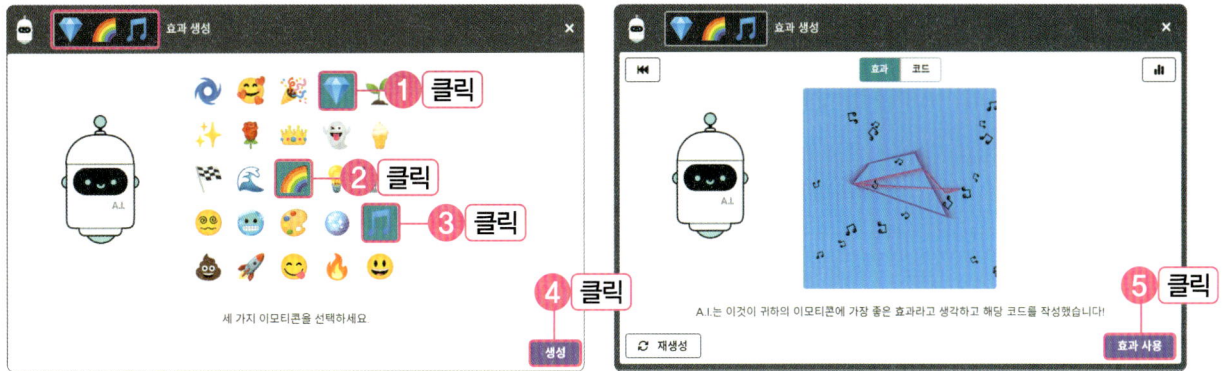

❾ 작업 공간의 블록이 완성되면 [실행]을 클릭하여 블록을 실행해 봅니다.

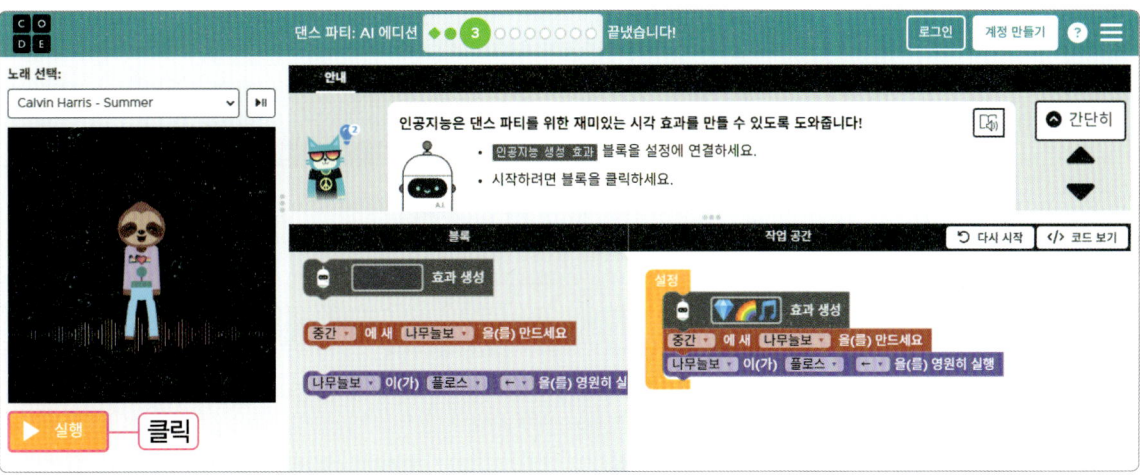

❿ 같은 방법으로 마지막 레벨까지 댄스파티를 즐겨봅니다.

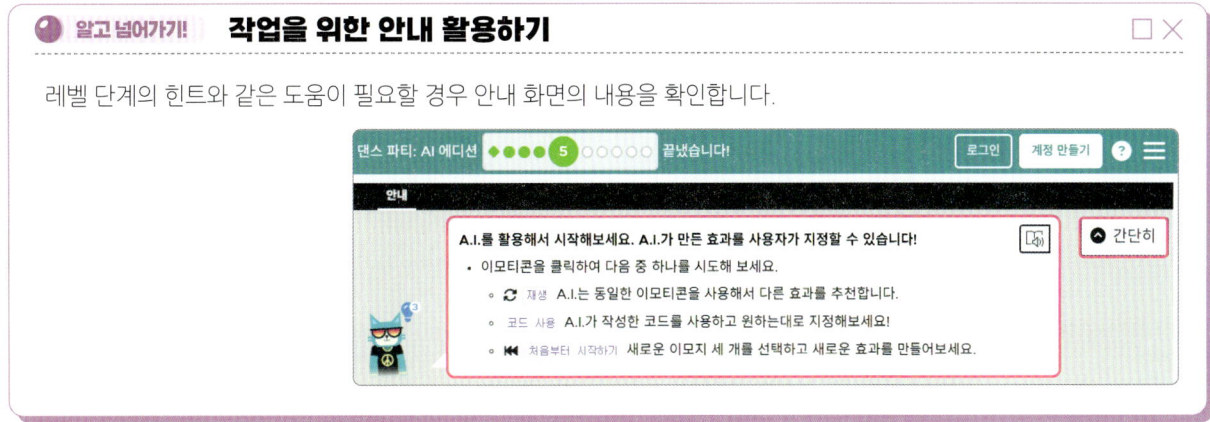

알고 넘어가기! 레벨에 따른 효과 생성

- 레벨4 ~ 레벨5 : AI효과에 같은 이모티콘을 선택해도 인공지능이 스스로 다른 효과를 생성합니다.

- 레벨6 ~ 레벨7 : AI효과에 방향키를 눌러 신호를 보내면 춤동작을 실행합니다.

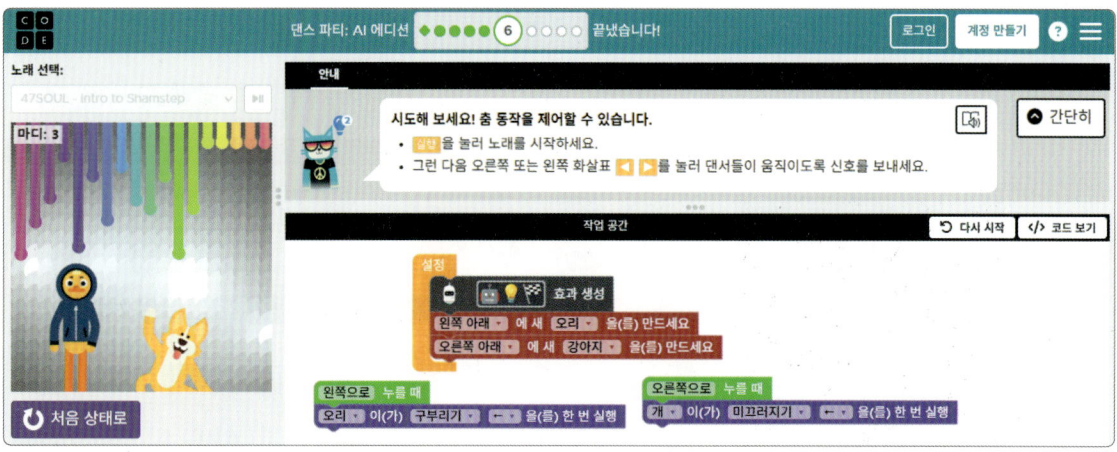

- 레벨8 ~ 레벨9 : 설정한 마디나 시간에 AI효과와 춤 동작이 자동으로 바뀝니다.

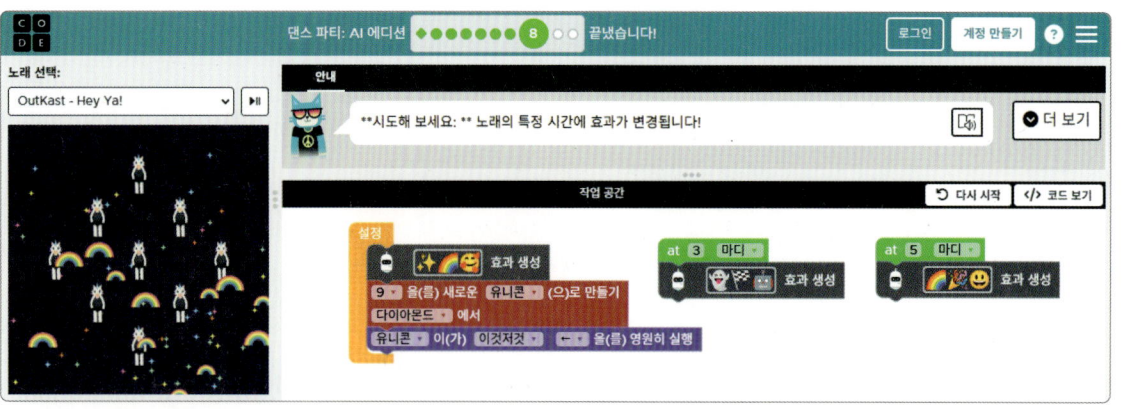

- 레벨10 : 지금까지 배운 기술과 인공지능을 활용해 댄스 파티를 만들 수 있습니다.

TIP
완성된 나만의 댄스작품을 친구들과 공유하고 싶다면 레벨10의 화면 상단왼쪽 [공유하기( )]를 클릭 후 생성되는 QR코드를 스마트폰으로 찍어 공유할 수 있습니다.

미션 해결하기

01 생성형 인공지능의 주요 특징은 무엇인가요?
① 정해진 규칙만 따르는 것
② 새로운 내용을 스스로 만들어낼 수 있는 능력
③ 오직 계산만 하는 것
④ 인간의 명령만 수행하는 것

02 인공지능이 우리 생활에 어떤 도움을 줄 수 있는지 자신의 생각을 써보세요.

03 인공지능(AI)의 기본적인 의미는 무엇인가요?
① 사람이 만든 로봇
② 컴퓨터가 인간처럼 생각하고 학습할 수 있는 기술
③ 스마트폰 애플리케이션
④ 인터넷 게임

04 다음의 내용에 대해 참 또는 거짓으로 써보세요.

인공지능은 항상 100% 정확한 결정을 내릴 수 있다.

Chapter 01 인공지능이란 무엇일까요? • 011

행복한 우리집을 인공지능으로 그려보아요

학습 목표
- 인공지능의 윤리에 대한 동영상을 시청해 봅니다.
- 인공지능 오토드로우로 멋진 그림을 완성해 봅니다.
- 완성된 그림을 다운로드해 봅니다.

완성작품 미리 보기   📁 불러올 파일 : 없음   📁 완성된 파일 : 행복한 우리집완성.png

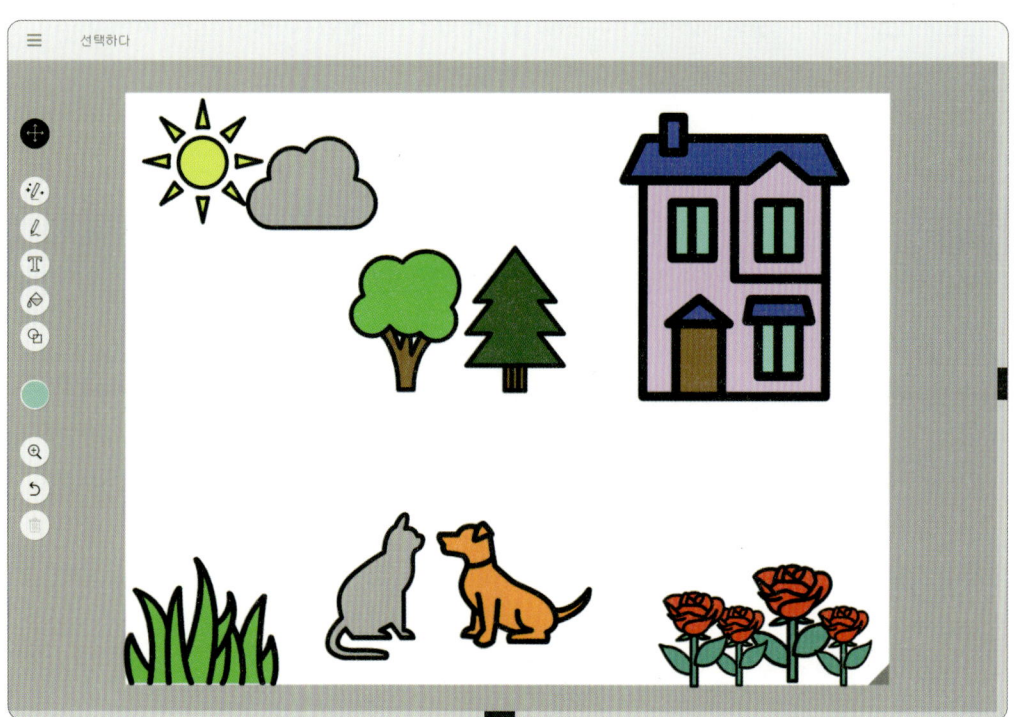

오토드로우(AutoDraw)란?

오토드로우(AutoDraw)는 Google이 만든 그리기 도구로, 사용자가 간단한 그림을 그릴 때 사용하며, 그림을 빠르게 완성할 수 있도록 클립 아트들을 제공합니다.

012 • 인공지능과 함께하는 똑똑한 컴퓨터놀이

1 인공지능 오토드로우 학습하기

❶ 바탕화면의 '크롬 아이콘()'을 더블클릭하여 실행합니다.

❷ 검색 항목에 "오토드로우"를 입력 후 Enter 를 눌러 이동합니다.

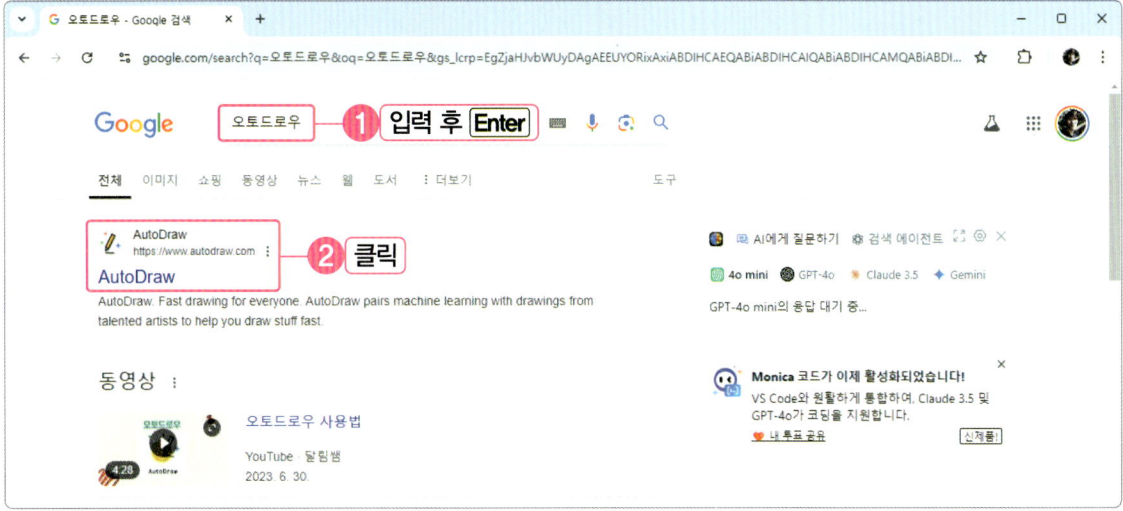

❸ 오토드로우가 실행이 되면 [그림 그리기 시작]을 클릭 후 왼쪽 자동그리기 도구를 선택한 다음 색상 팔레트의 펜색상(검정)을 설정합니다.

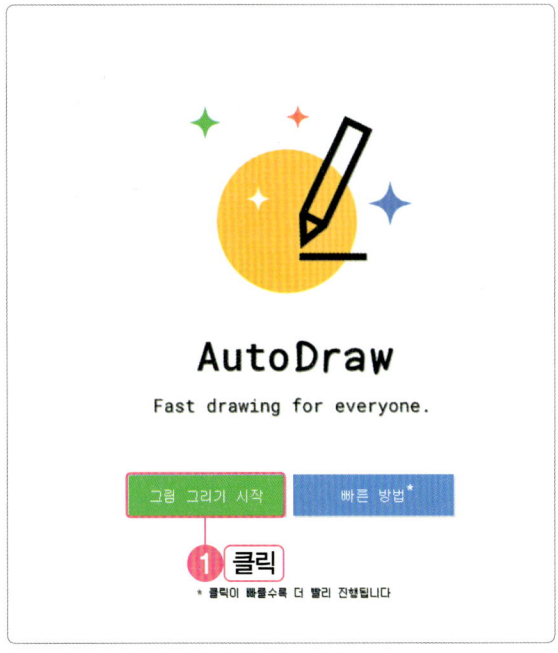
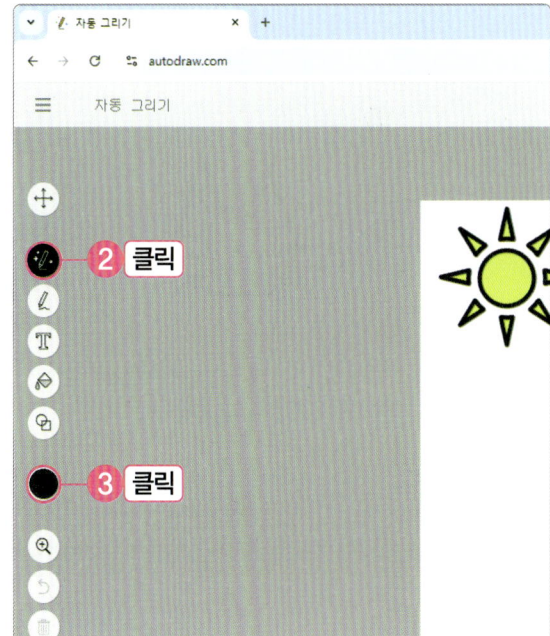

④ 집을 그리기 위해 대략적인 집을 자동그리기 도구로 그린 후 페이지 상단에 인공지능이 판단한 그림들이 표시되면 원하는 그림을 선택하여 클릭합니다.

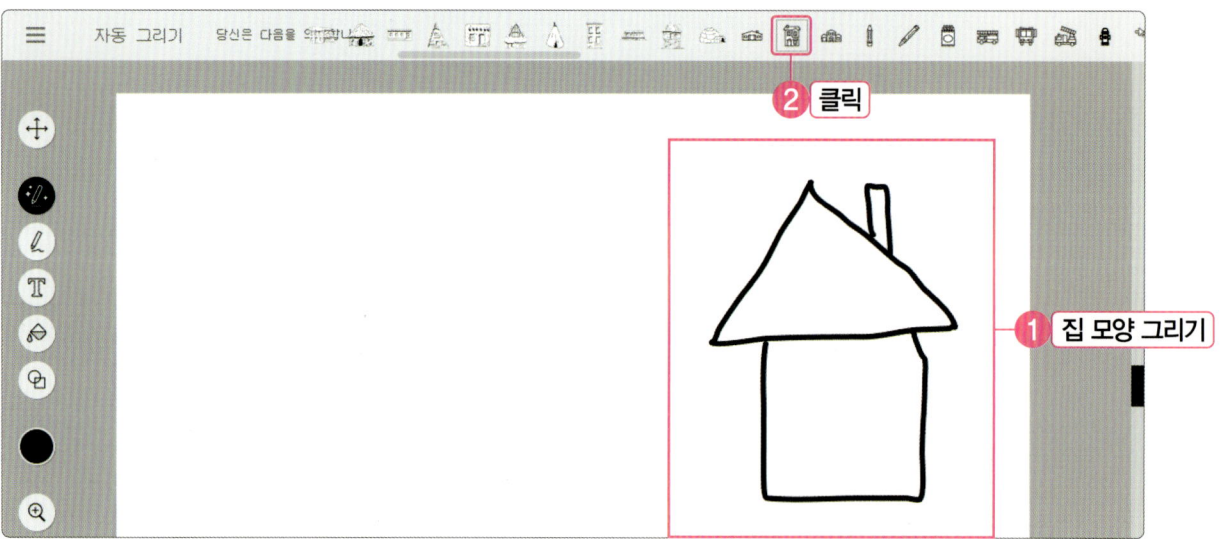

⑤ 같은 방법으로 여러 가지 그림들을 자동그리기 도구를 활용하여 그림을 그려봅니다.

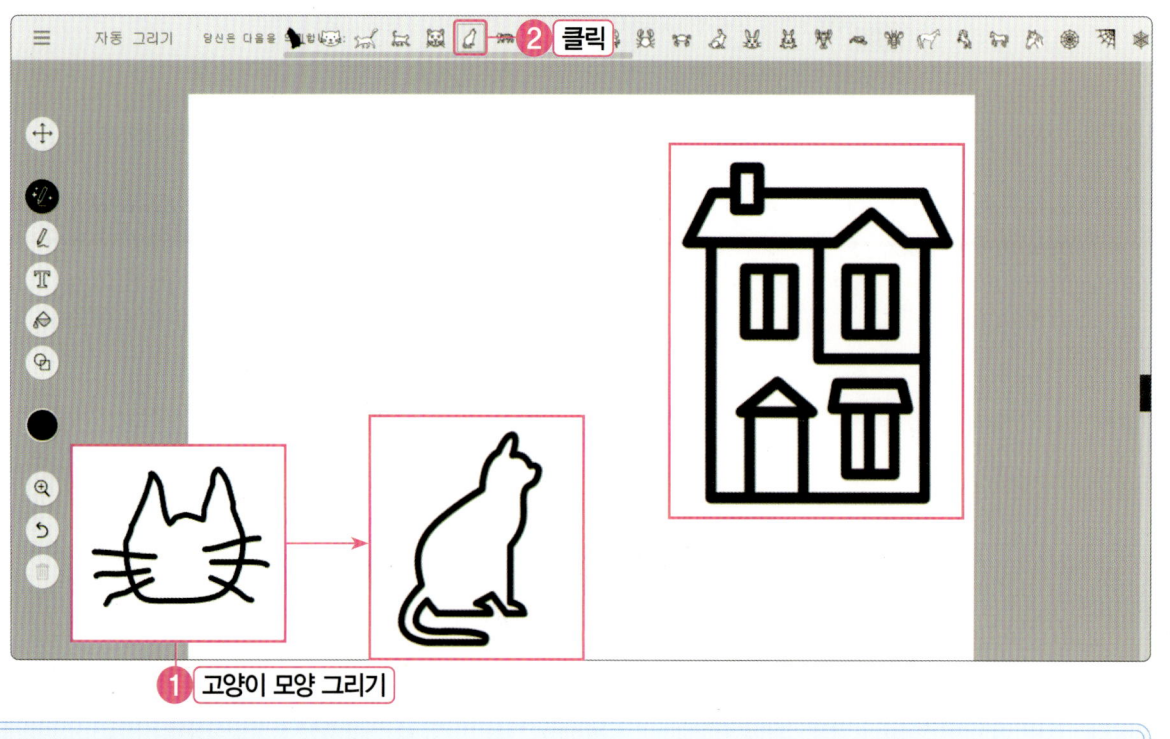

여기서 잠깐!
도구 모음의 [선택(✥)]을 클릭 후 그림 개체를 선택하면 크기 조절 및 방향 회전과 이동 등을 실행할 수 있습니다.

❻ 도구 모음의 [선택(✛)] 도구를 클릭 후 그림 개체를 클릭하면 크기 조절 및 방향 등을 회전할 수 있으며, 개체를 드래그하여 이동할 수도 있습니다.

❼ 도구 모음의 색을 원하는 색으로 지정 후 [페인트(●)] 도구로 그림의 색을 채워줍니다.

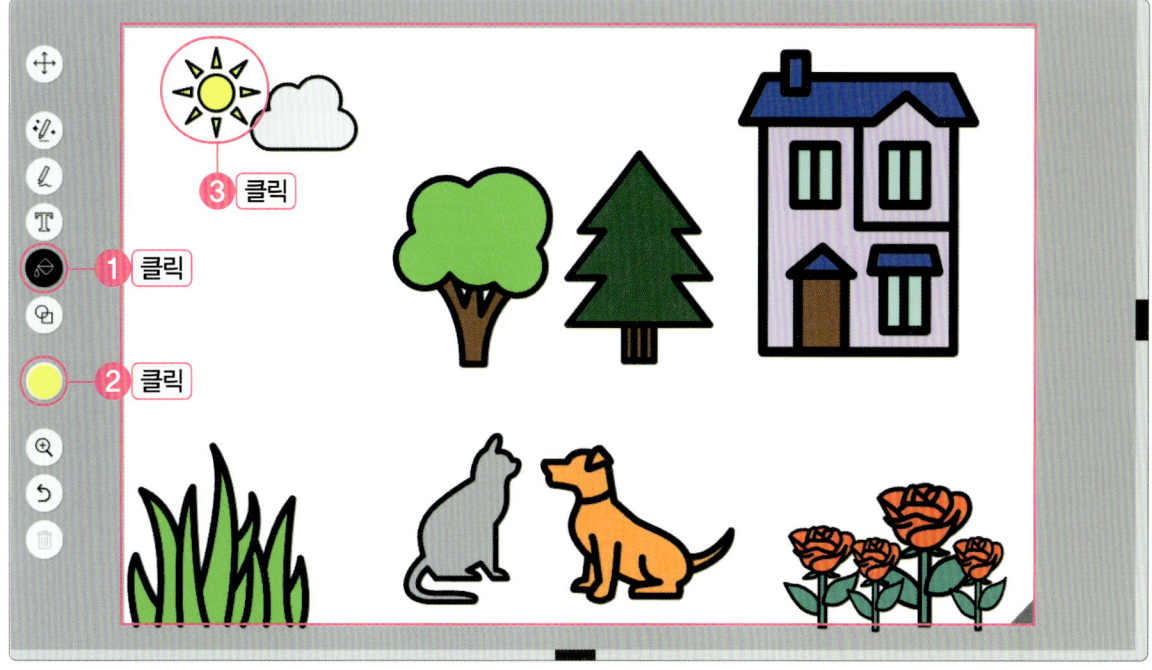

⑧ 그림이 완성되면 [메뉴(≡)]를 클릭 후 [다운로드]를 클릭하여 완성한 작품을 다운로드합니다.

📢 **여기서 잠깐!**

그림에 텍스트 입력하기
도구 모음의 [텍스트(T)] 아이콘을 클릭 후 그림 영역에 텍스트를 입력하고 글꼴 및 크기 등을 수정하여 텍스트를 꾸밀 수 있습니다.

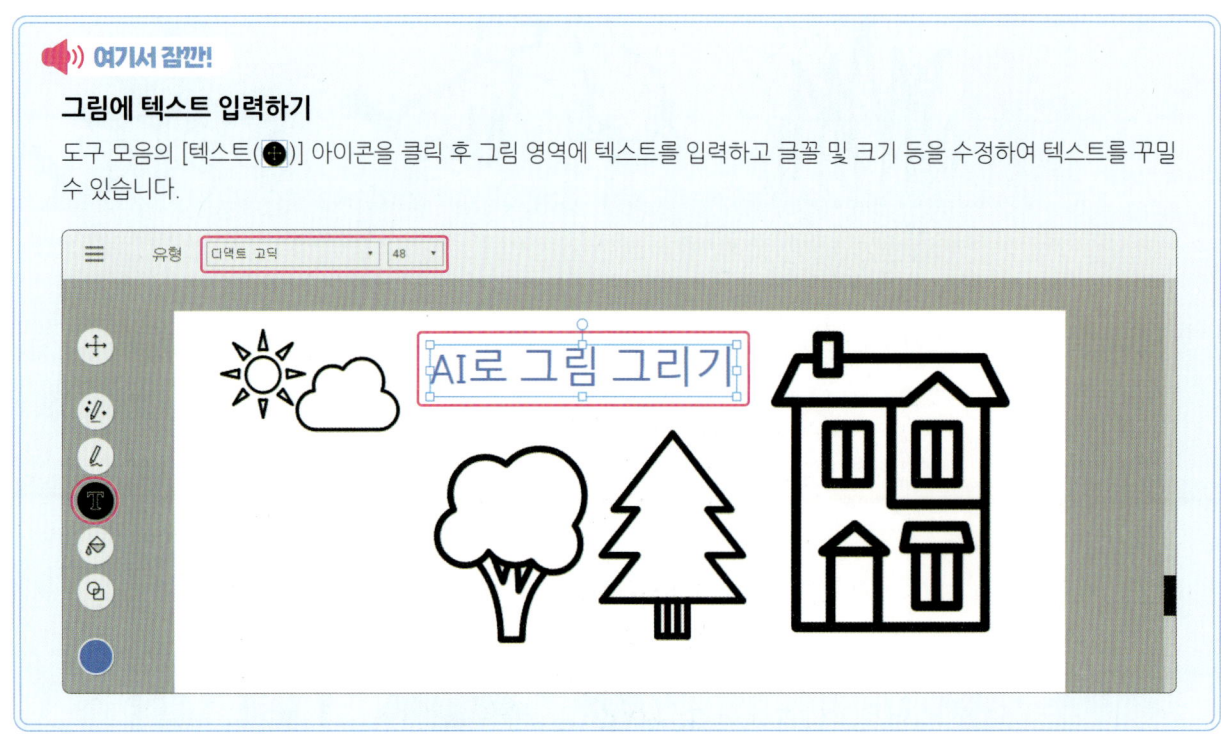

미션 해결하기

01 자유로운 주제(우주, 풍경)로 인공지능 그림을 완성해 보세요.

CHAPTER 03 인공지능아~ 내 그림을 맞춰봐!

- 머신 러닝이란 무엇인지 동영상을 시청해 봅니다.
- 퀵드로우로 그림을 그리고 인공지능이 맞추도록 연습해 봅니다.

완성작품 미리 보기

■ 불러올 파일 : 없음   ■ 완성된 파일 : 없음

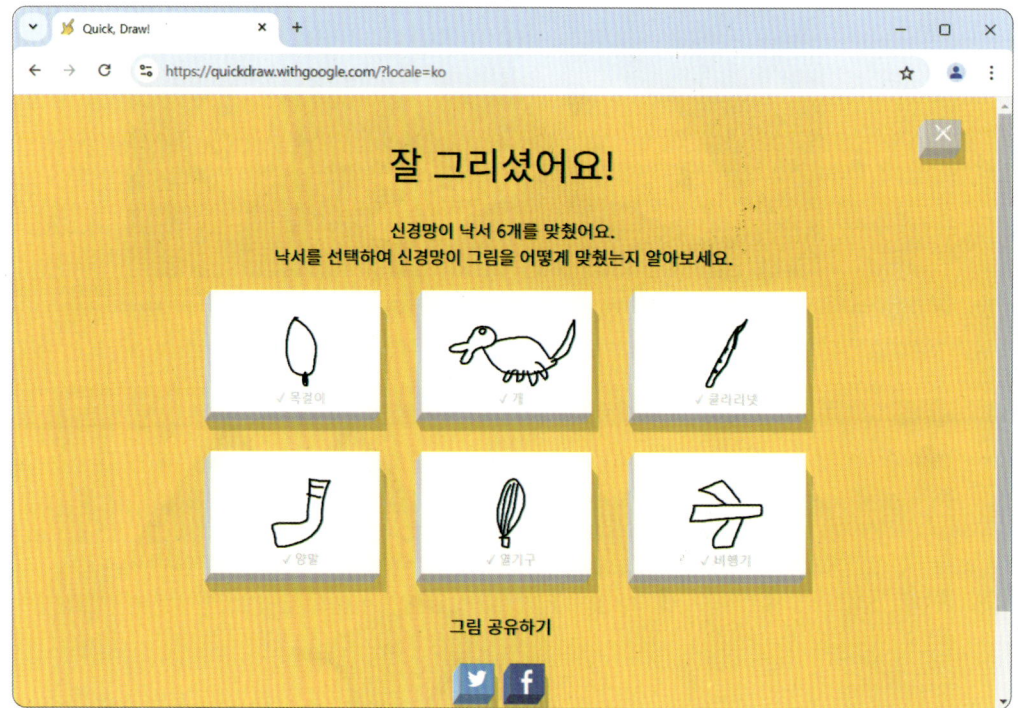

퀵드로우란?

《Quick, Draw!》는 구글이 개발한 온라인 게임의 하나로 플레이어가 사물이나 개념에 대한 그림을 그리면 인공신경망 인공지능을 사용하여 해당 낙서가 표현한 바를 추측합니다. AI는 각 낙서에서 학습하여 미래에 정확히 맞추는 능력을 키우게 됩니다.

1 인공지능 퀵드로우 학습하기

❶ 바탕화면의 '크롬 아이콘()'을 더블클릭하여 실행합니다.

❷ 구글 검색창에 "퀵드로우"를 입력한 후 Enter 를 눌러 이동합니다.

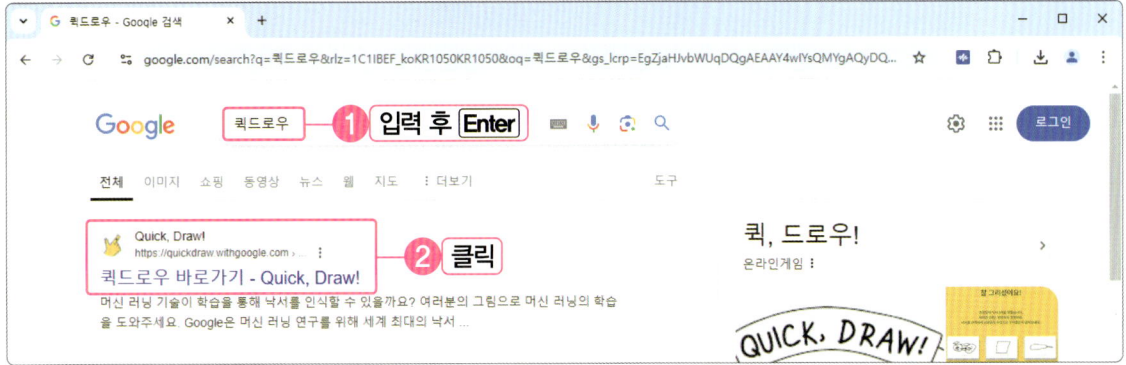

❸ 퀵드로우가 실행이 되면 [세계 최대의 낙서 데이터 세트]를 클릭하여 이동, 인공지능 머신러닝에 대해 알아봅니다.

❹ 도면을 선택하게 되면 5,000만개의 그림들이 나타납니다. 이것은 수많은 사람들이 퀵드로우를 통해 그림을 그렸기 때문에 인공지능이 그리는 방식을 학습한 결과입니다.

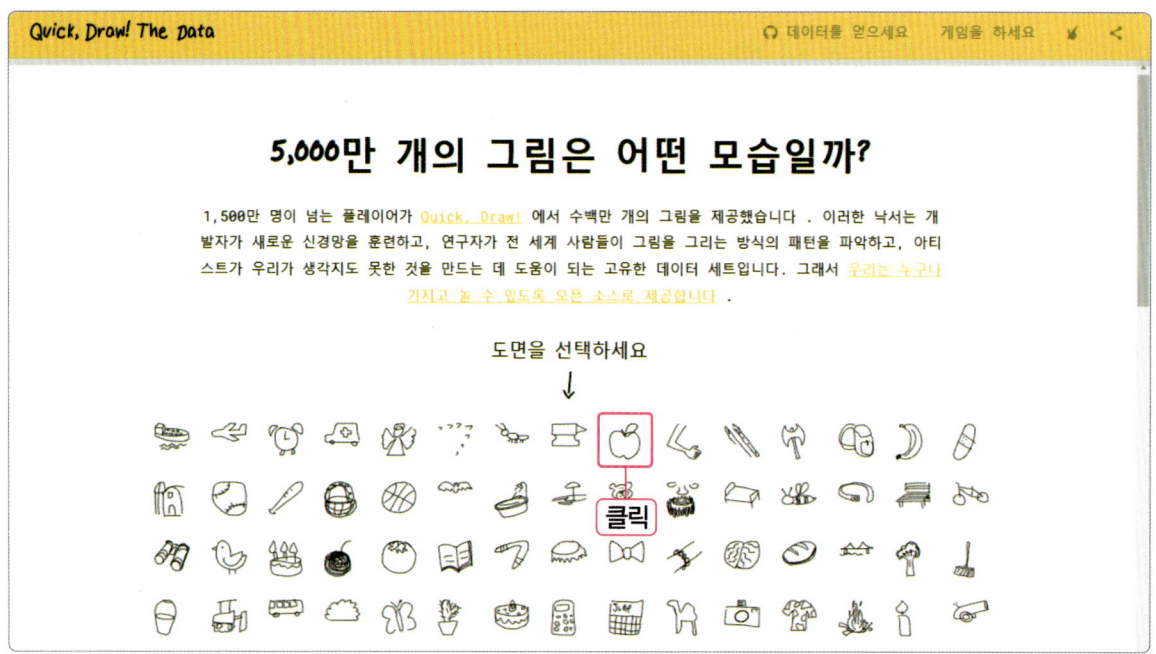

❺ 게임 화면으로 이동하기 위해 [게임을 하세요]를 클릭합니다.

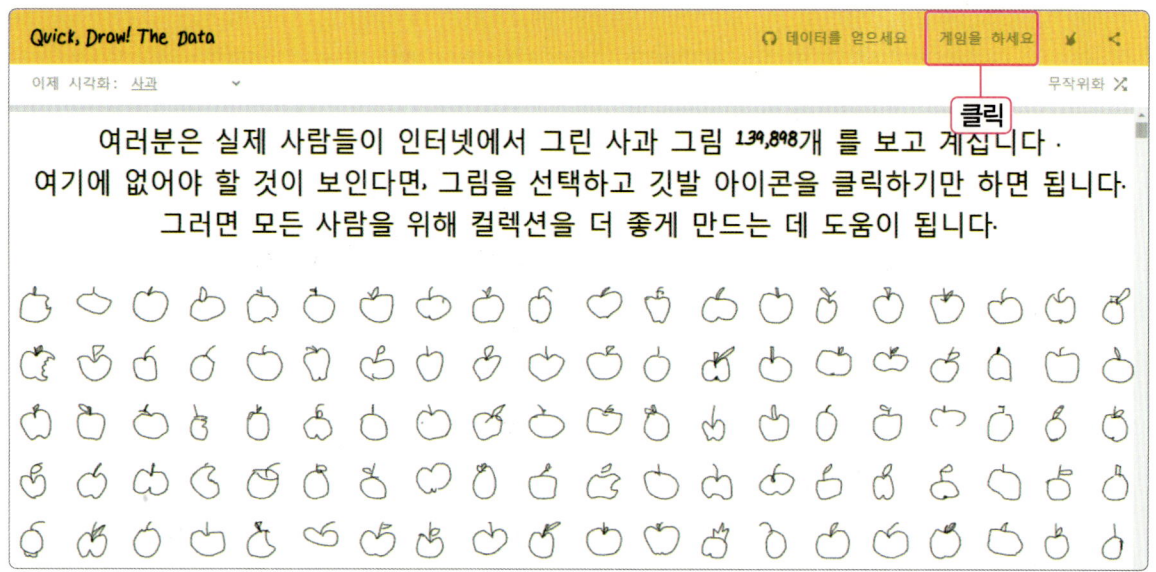

> 🔊 **여기서 잠깐!**
>
> **머신 러닝이란?**
> 인공지능(AI)의 한 분야로, 데이터 안의 패턴과 구조를 분석해 인간의 도움 없이 스스로 학습하고 추론하는 계산 과학을 의미합니다.

020 • 인공지능과 함께하는 똑똑한 컴퓨터놀이

❻ 게임을 시작하기 위해 [시작하기( )]를 합니다.

❼ 게임화면으로 이동하면 [알겠어요!]를 클릭하고 바로 그림을 그리기 시작합니다.

❽ 그림은 20초 안에 완성해야 하며, 모두 6개의 그림 퀴즈가 제공됩니다.

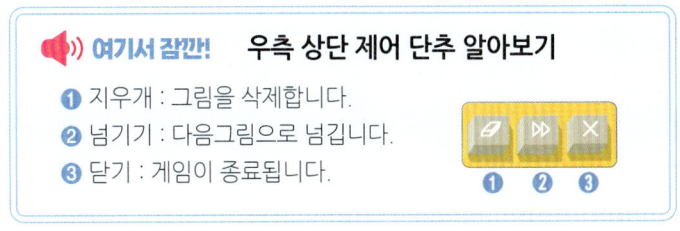

❾ 게임이 끝나면 결과화면이 나타나며, 결과 화면의 그림 중 하나를 클릭합니다.

❿ 선택한 그림에 대해 인공지능이 인식한 그림들이 나타납니다.

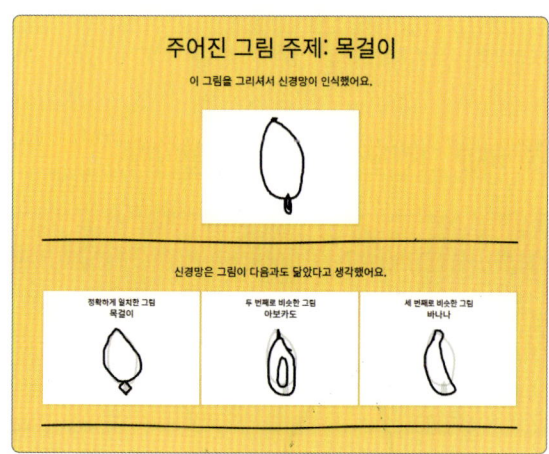

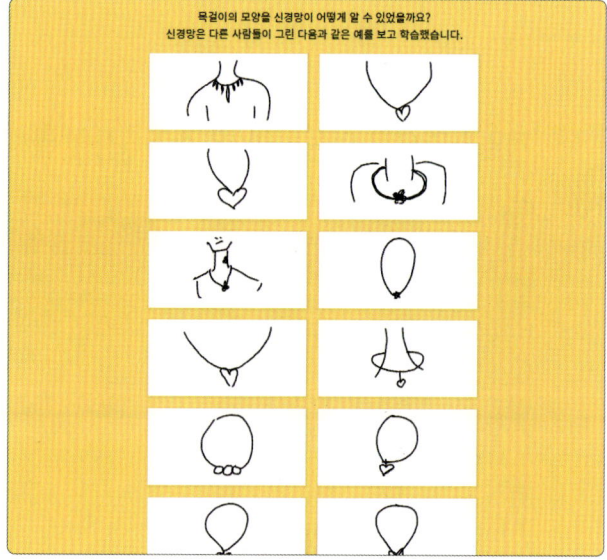

⓫ 같은 방법으로 인공지능과 그림퀴즈 맞추는 게임을 더 많이 즐겨봅니다.

미션 해결하기

01 친구들과 함께 퀵드로우로 그림을 그리고 누가 제일 많이 맞추었는지 대결해 보아요.

02 우리반에서 누가 제일 빨리 6개를 다 맞추었는지 대결해 보아요.

03 AI와 게임을 한 느낌은 어떤지 써보세요.

04 인공지능의 단점은 무엇이 있을까요?

05 인공지능의 장점은 무엇이 있을까요?

CHAPTER 04 인공지능과 대결해 보아요

학습 목표
- 딥페이크 사례 동영상을 시청해 봅니다.
- 인공지능 스케치RNN과 그림을 그려봅니다.
- 인공지능 사진, 동영상 맞추기 퀴즈를 맞춰봅니다.

완성작품 미리 보기

📁 불러올 파일 : 없음　📁 완성된 파일 : 나비작품완성.png

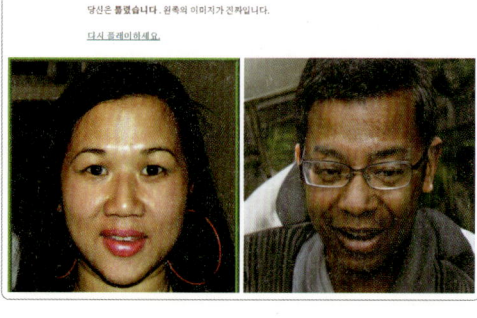

순환 신경망(RNN) 이란?

- 순서를 학습하기 좋은 순환 신경망입니다.
- 스케치 RNN : 퀵 드로우의 데이터셋을 사용합니다.
- 사람들이 그린 순서대로 그림들을 학습하여서 그림을 그리는 과정을 예측할 수 있습니다.
- 사람들이 그려놓은 정보를 바탕으로 순서를 예측하여 그림을 완성시켜줍니다.

인공지능 스케치-rnn으로 그림그리기

❶ [04장] 폴더의 '스케치-rnn(스케치-rnn)' 인터넷 링크를 실행합니다. 주어진 모델(나비)을 선택하고 어떤 모양이든 그려봅니다.

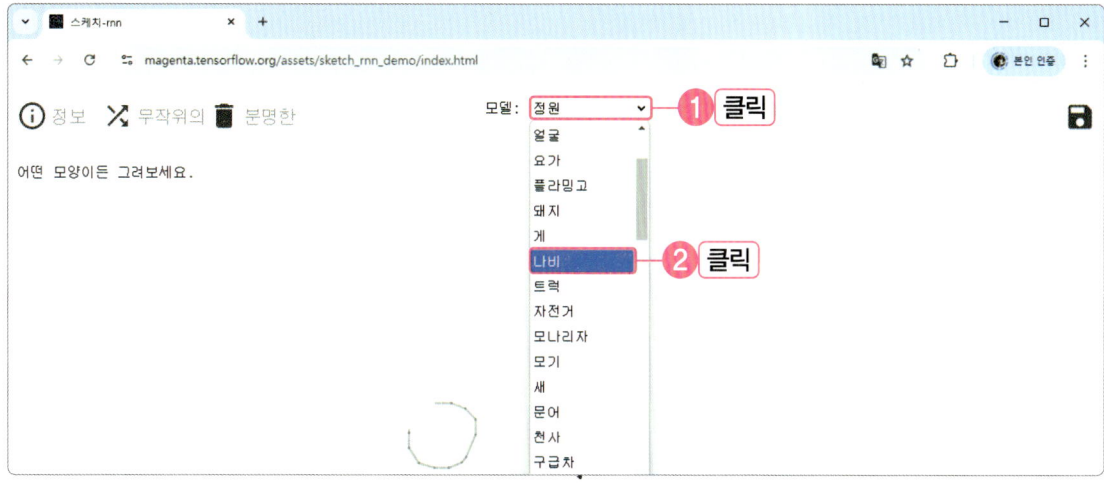

❷ 그림을 적당히 그리면 유사한 이미지를 인공지능이 실시간으로 그려줍니다. 따라 그려보고 익힌 다음 자유롭게 그림을 완성시킵니다.

❸ 완성된 이미지를 저장하기 위해 우측상단의 [저장( )] 아이콘을 클릭하여 [png 파일] 형태로 저장합니다.

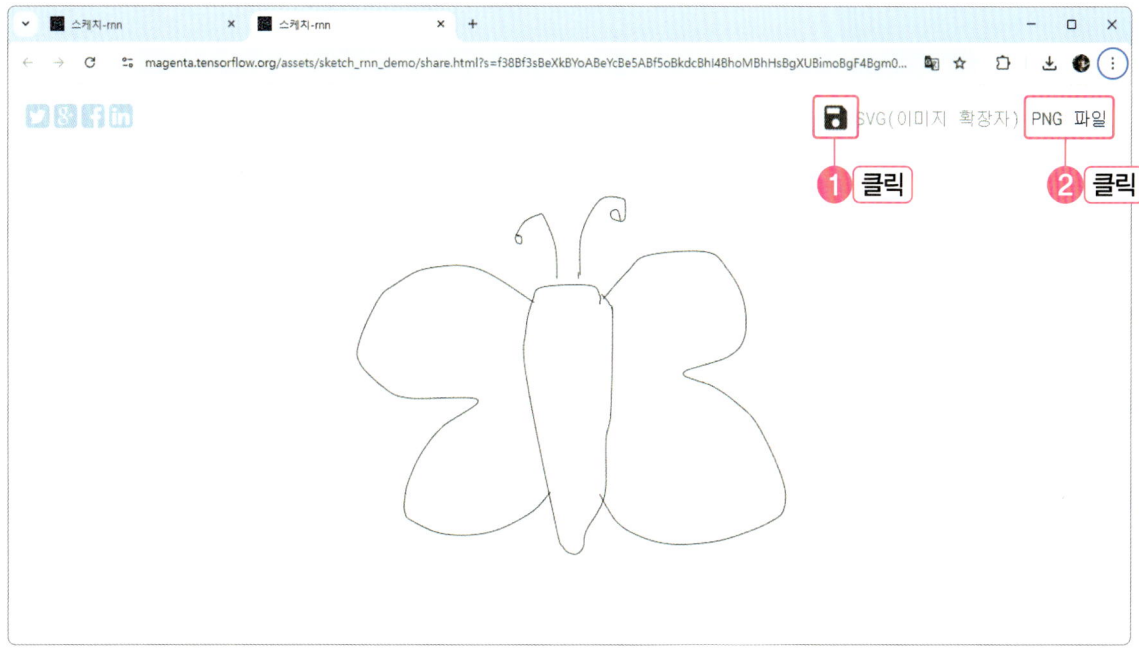

2 그림판에서 편집하기

① 저장한 스케치 이미지를 색칠하기 위해 윈도우 작업표시줄의 검색창에서 "그림판"을 입력한 후 목록에서 선택하여 실행합니다. 그림판이 실행되면 [파일]-[열기]를 클릭합니다.

② [열기] 대화상자가 표시되면 저장 위치 및 파일(sketch-rnn.png)을 지정하고 [열기]를 클릭합니다.

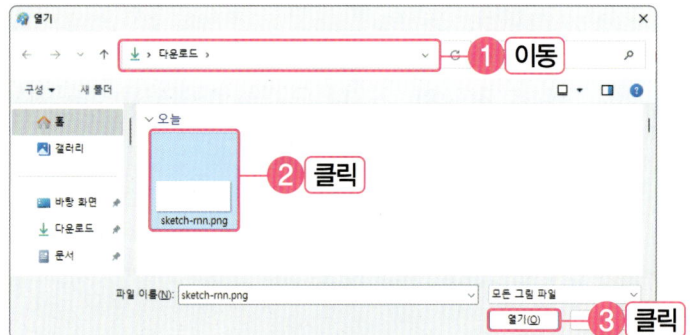

③ 그림판에 선택한 그림 파일이 열리면 그리기 도구를 이용하여 그림을 예쁘게 꾸며봅니다.

3 인공지능이 조작한 이미지 및 동영상을 찾아보기

❶ [04장] 폴더의 '실제 인물찾기(실제 인물 찾기)' 인터넷 링크를 실행합니다.

❷ 인공지능이 조작한 이미지와 실제인물이 나타납니다. 실제 인물을 맞추는 게임을 즐겨봅니다.

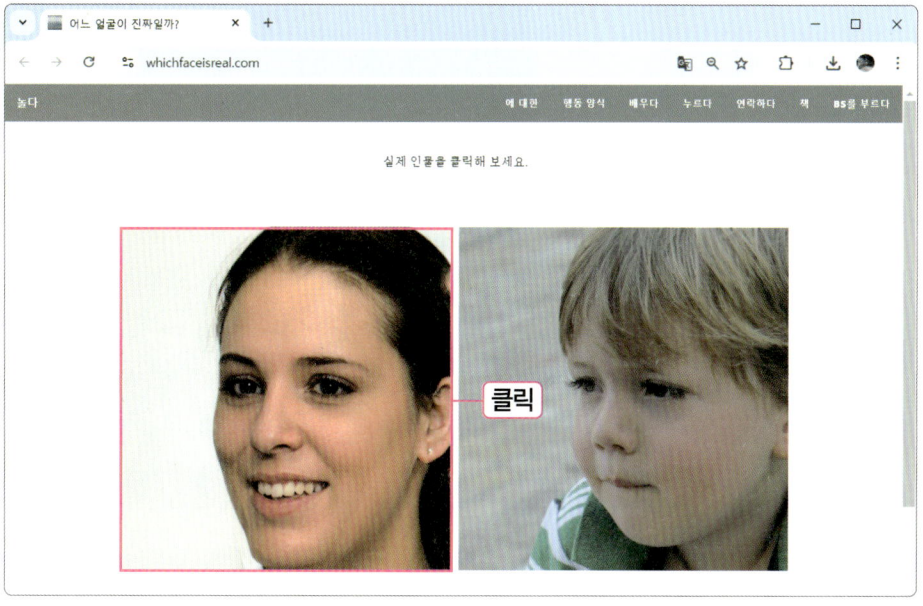

❸ 게임을 즐기면서 [배우다] 항목을 클릭하면 조작된 가짜 얼굴을 알아보는 방법에 대해 학습할 수 있습니다.

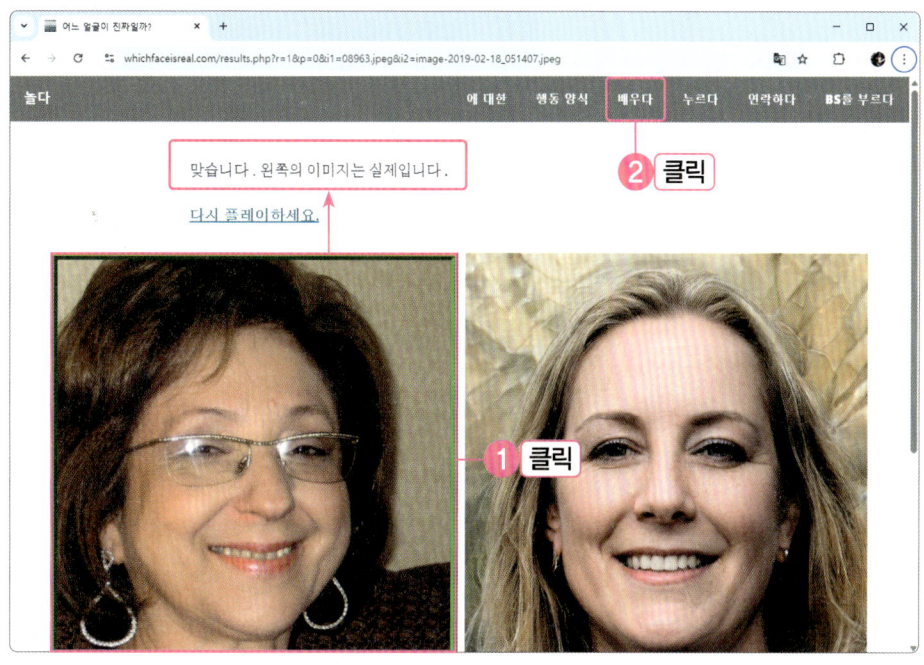

❹ [04장] 폴더의 '가짜 동영상 찾기(가짜 동영상 찾기)' 인터넷 링크를 실행합니다.

❺ 동영상 중에서 조작되지 않은 실제 영상을 맞추는 게임입니다. [놀자]를 클릭하면 게임이 바로 시작됩니다.

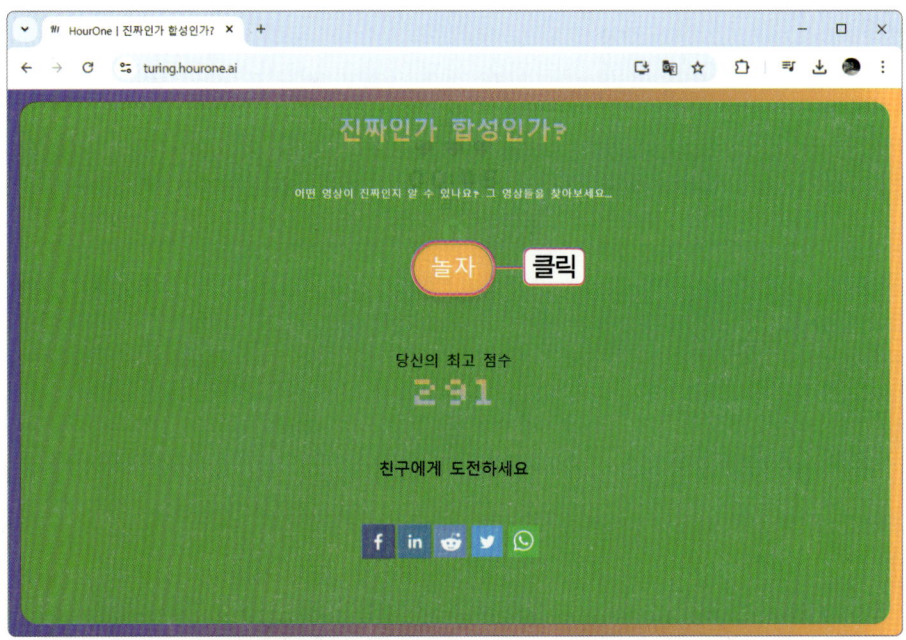

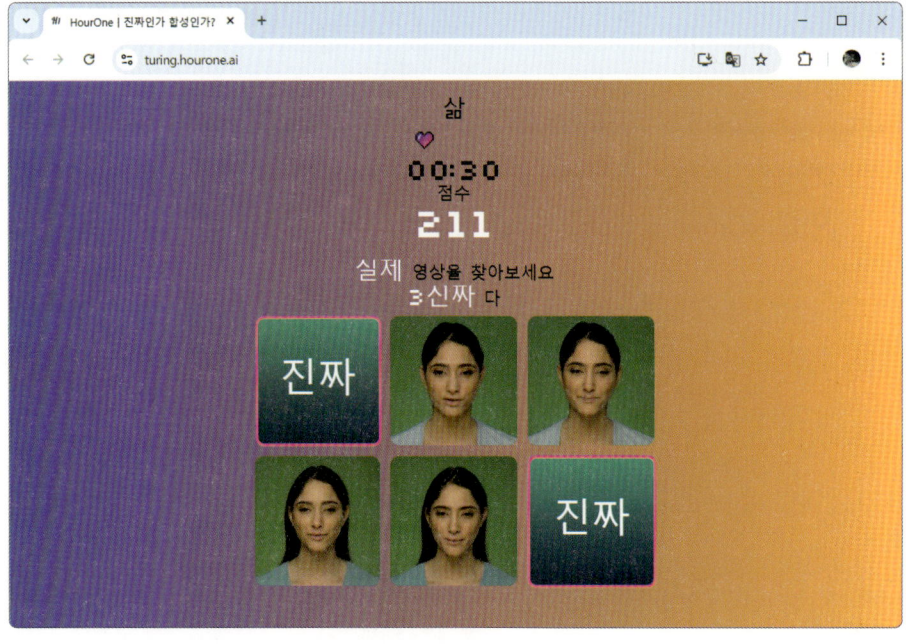

미션 해결하기

01 스케치-rnn으로 다양한 그림을 완성하고 그림판으로 꾸며보세요.
※ 브러시도구, 색칠하기 도구를 사용합니다.

02 내가 그린 선 이외에 그려갈 선을 예측하여 보여주는 것은 (   )이 실시간으로 동작하는 것입니다. 괄호 안에 들어갈 말은 무엇인지 써보세요.

전세계 예술관을 살펴보아요

학습 목표
- 구글아트 앤 컬쳐 예술작품을 불러와 채색해 봅니다.
- 망고툰으로 예술작품 전시관을 꾸며봅니다.

완성작품 미리 보기

📁 불러올 파일 : 없음   📁 완성된 파일 : 전시관완성.png

구글아트 앤 컬쳐

전 세계 2,000개 이상의 문화기관과 협력하여 온라인으로 문화유산을 감상할 수 있도록 하는 구글 프로젝트로 2011년에 시작된 이 프로젝트는 현재 80개국 이상의 문화유산을 온라인으로 제공하고 있으며, 고해상도 이미지, 가상 현실 체험, 교육 자료 등 다양한 콘텐츠를 제공하고 있습니다.

전 세계 박물관과 미술관의 소장품을 온라인으로 감상할 수 있고 고해상도 이미지로 작품을 자세히 볼 수 있으며, 작품에 대한 정보도 제공됩니다.

1 "구글아트 앤 컬처" 예술관 체험하기

❶ [05장] 폴더의 '구글아트 앤 컬처(Google Arts & Culture)' 인터넷 링크를 실행한 후 [플레이]를 클릭합니다.

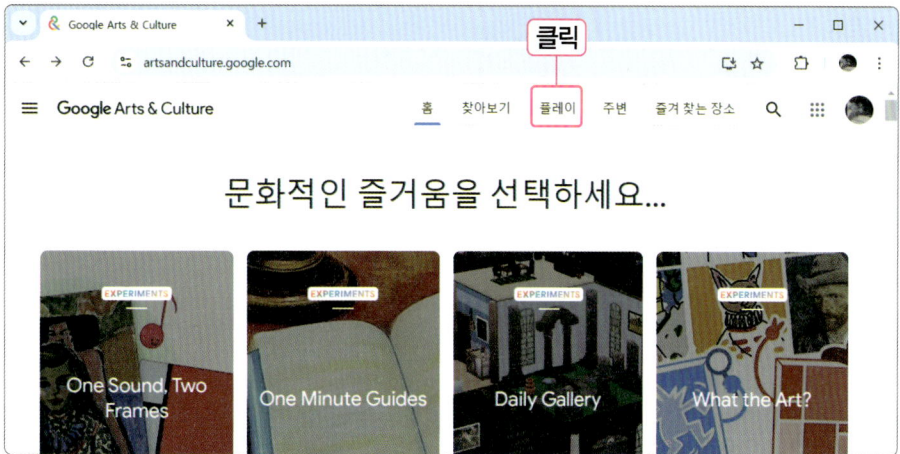

❷ [플레이] 항목의 [모든게임]-[컬러링]을 선택합니다. 컬러링 목록이 표시되면 [좋아하는 작품을 색칠해 보세요.] 항목을 클릭합니다.

❸ [게임플레이]를 선택하면 여러 가지 예술작품이 나타나는데 그중 작품 하나를 클릭합니다.

Chapter 05 전세계 예술관을 살펴보아요 • 031

❹ 선택된 예술작품의 밑그림이 나오면 원본작품(■)을 보면서 채색해 봅니다.

❺ 채색이 완성되면 [다운로드(⬇)]를 클릭하고 바탕화면에 저장합니다.

2 구글 웹 '망고툰' 학습하기

① 크롬의 구글 검색에서 "망고툰"을 입력한 후 Enter 를 눌러 검색한 다음 실행합니다.

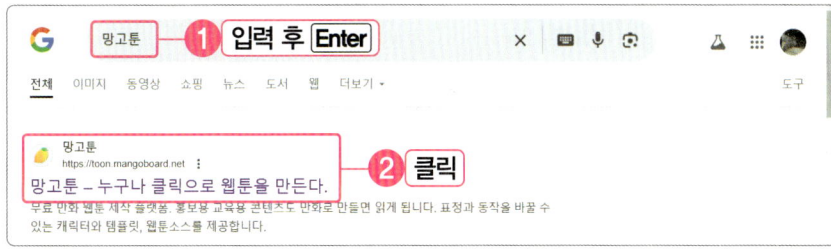

② 망고툰이 실행되면 계정에 로그인 후 [망고툰(웹툰·애니)] 탭의 [시작하기]를 클릭합니다.

※ 계정이 없는 경우 [회원가입]을 통해 회원으로 가입합니다. (방과후 수업시 단체 계정은 단체계정.pptx 파일 참고)

③ 망고툰 실행 화면에서 나만의 전시관을 만들기 위해 왼쪽 툴에서 [업로드]를 클릭합니다.

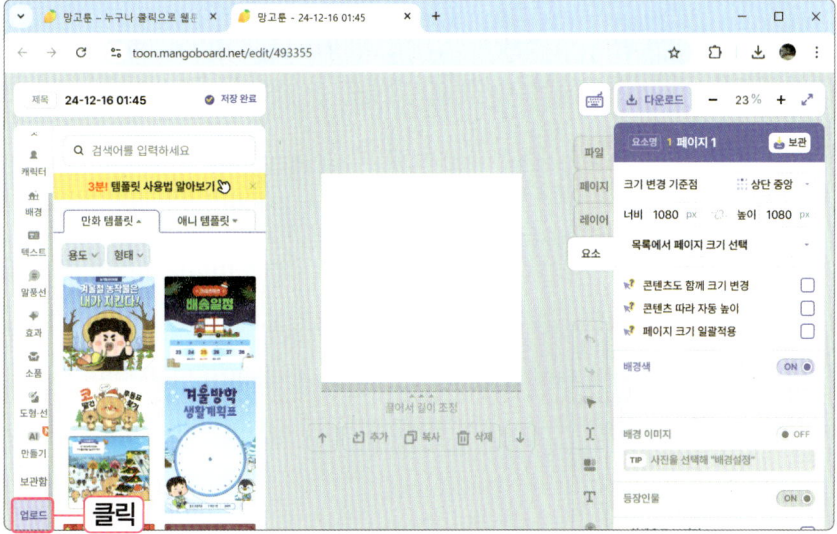

④ [업로드]-[내 파일 업로드]를 클릭하고 저장해 놓은 예술작품 파일을 불러옵니다. 이미지의 위치와 크기를 조절하여 배치합니다.

⑤ 페이지 크기를 변경하기 위해 클릭 후 우측 [요소] 탭에서 [목록에서 페이지 크기 선택]-[가로형 1920× 1080]을 클릭합니다.

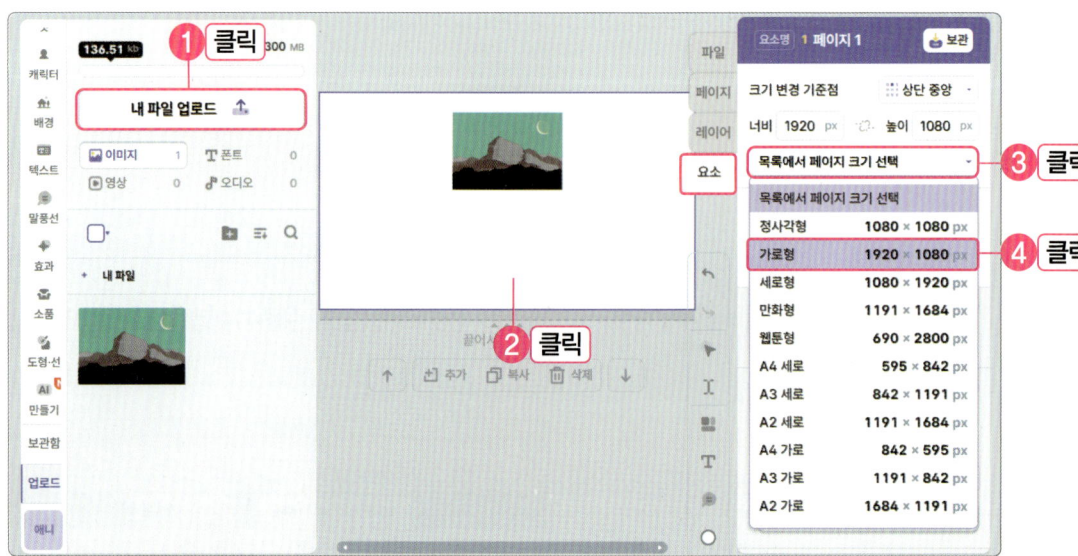

⑥ [배경] 툴에서 전시관으로 사용될 배경을 선택하고 [페이지 배경으로 사용]을 클릭합니다.

❼ 전시관 관객을 삽입하기 위해 툴의 [캐릭터]를 클릭하고 원하는 캐릭터를 추가합니다. 이때 [표정과 자세 변경]을 클릭하면 여러 가지 표정과 자세로 편집할 수 있습니다.

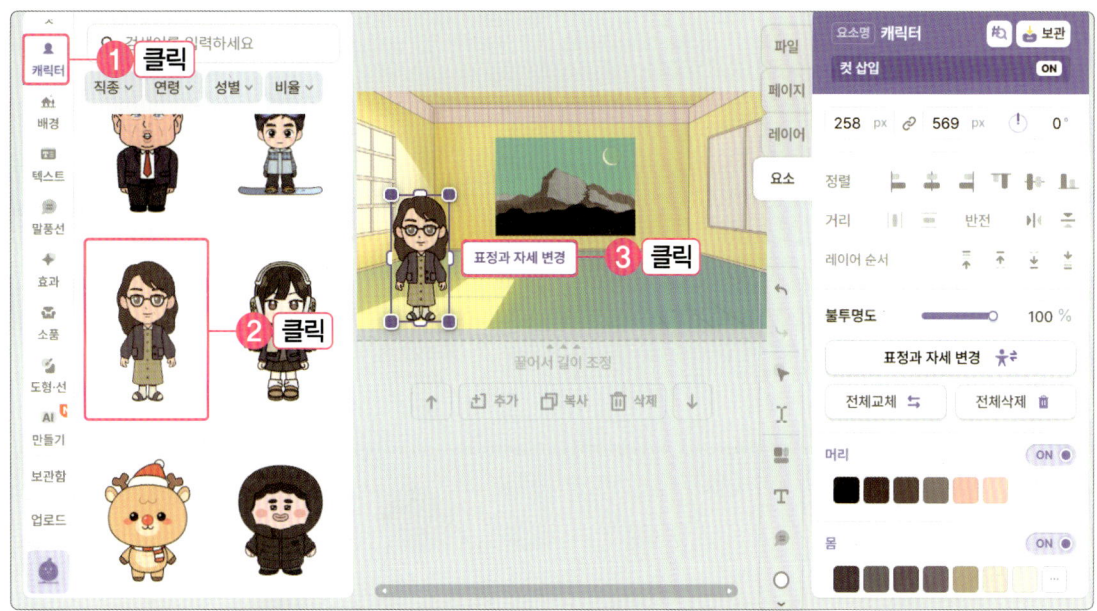

❽ 같은 방법으로 여러 관객의 캐릭터를 만들어 추가해 봅니다.

❾ 작품전시관이 완성되면 [다운로드]-[1장 다운로드]를 클릭하여 바탕화면에 저장합니다.

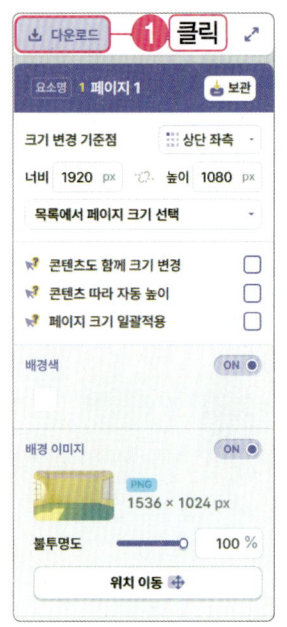 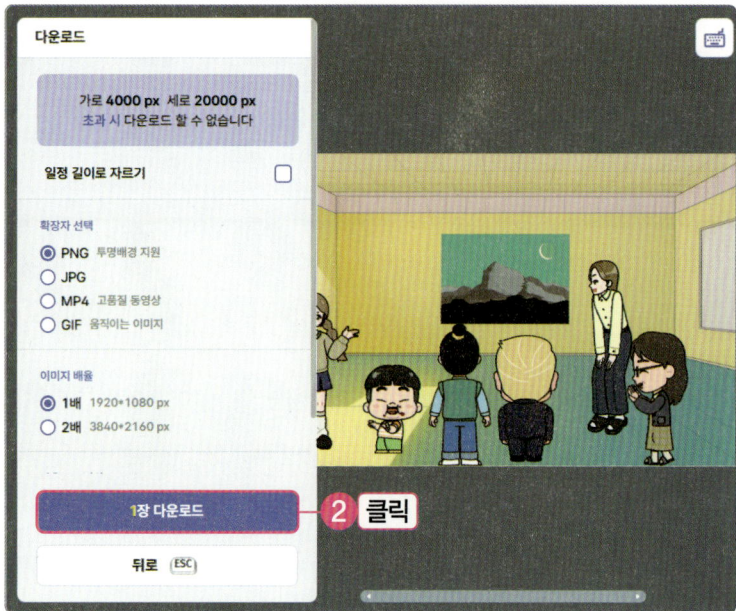

미션 해결하기

01 구글아트 앤 컬처에서 다른 여러 가지 컬러링 작품을 완성해봅니다.
※ 망고툰에서 캐릭터를 삽입하여 〈성탄절〉, 〈판다와 친구들〉을 완성합니다.

Chapter 05 전세계 예술관을 살펴보아요 • 037

CHAPTER 06 인공지능 밑그림 자동 채색

학습 목표
- 인공지능 페탈리카 페인트로 밑그림 색칠하는 방법을 알아봅니다.
- 파워포인트로 귀여운 메모지를 만들어봅니다.

완성작품 미리 보기 ■ 불러올 파일 : 메모지만들기.pptx ■ 완성된 파일 : 메모지만들기완성.pptx

채색이란?
그림에 색을 입히는 기법으로 색상, 명암, 채도 등을 조절하여 그림의 분위기와 표현력을 살려주는 것을 의미합니다.

1 인공지능 채색 '페탈리카 페인트' 학습하기

① [06장] 폴더의 '페탈리카 페인트()' 인터넷 링크를 실행한 후 [스케치 이미지 업로드]를 클릭합니다.

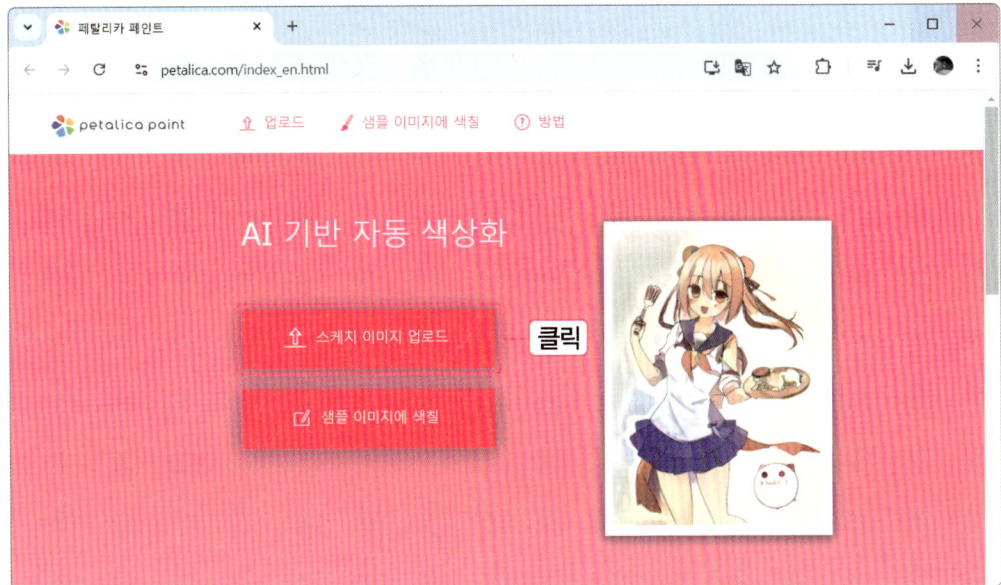

② [열기] 대화상자가 나타나면 [06장]-[불러올 파일] 폴더에서 이미지(여자1.jpg)를 불러옵니다.

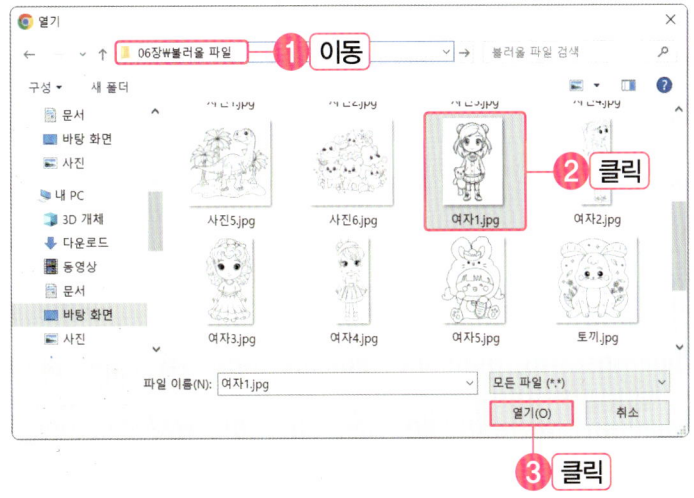

❸ 인공지능 [채색 스타일(한포포 자존키 칸나)] 중에서 하나를 골라줍니다. 원하는 색상을 선택하고 색칠하고 싶은 부분에 짧게 드래그하면 자동으로 채색된 것을 확인할 수 있습니다.

❹ 같은 방법으로 나머지 부분도 원하는 색을 선택 후 드래그하여 모두 채색을 완성해 봅니다.

❺ 채색이 완성된 이미지를 저장하기 위해 [다운로드(다운로드)]를 클릭하고 바탕화면에 저장합니다.

※ 다운로드 경로를 별도로 지정하지 않으면 [다운로드] 폴더에 자동으로 저장되며, 여기서는 저장 위치를 [바탕화면]으로 지정하여 사용합니다.

> **TIP**
> 왼쪽 그림에 각각 브러쉬로 살짝만 그어주면 오른쪽 그림에 인공지능채색이 적용됩니다.

❻ 새로운 이미지를 채색하려면 [다른 이미지를 업로드하세요(다른 이미지를 업로드하세요)]를 클릭 후 새로운 사진을 업로드 할 수 있습니다.

2 파워포인트로 메모지 만들기

① 예쁜 메모지를 만들기 위해 파워포인트를 실행한 후 [열기]-[찾아보기]를 클릭합니다. [열기] 대화상자가 나타나면 [06장]-[불러올 파일]-[메모지만들기]를 선택하여 불러옵니다.

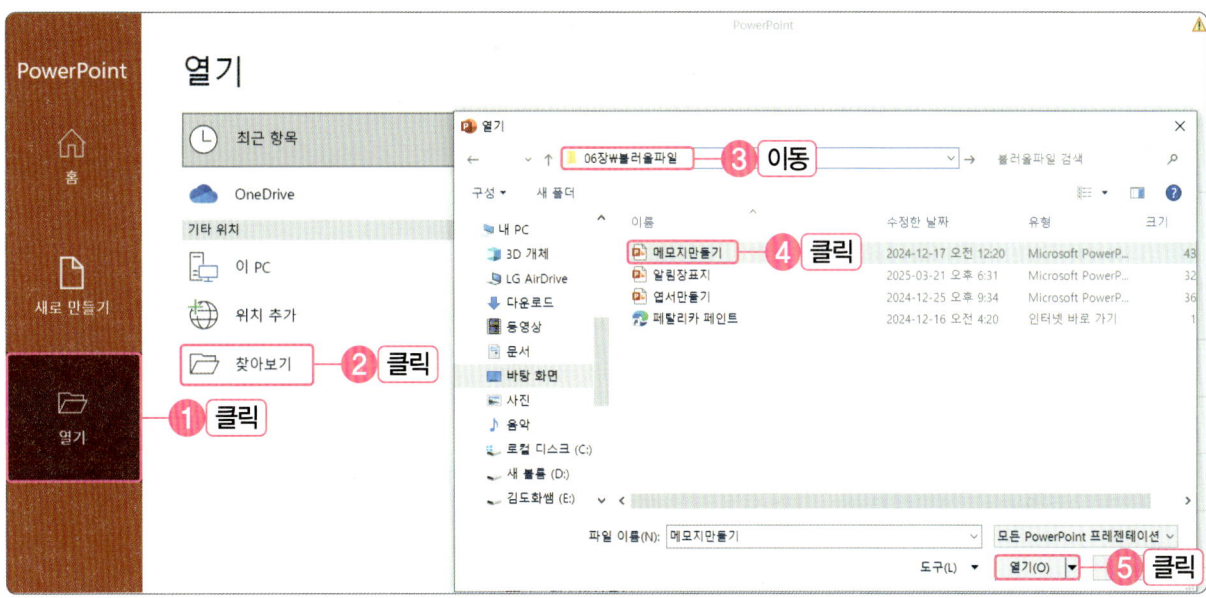

② 메모지만들기 파일이 열리면 [삽입]-[그림]-[이 디바이스]를 클릭한 후 '페탈리카페인트'에서 저장한 이미지 파일을 삽입합니다.

※ 바탕화면에 저장하지 못한 친구들은 [6강]-[불러올 파일] 폴더에 이미지를 사용해도 됩니다.

❸ 삽입된 이미지 배경을 투명하게 설정하기 위해 [그림 서식] 메뉴의 [색]-[투명한 색 설정]을 클릭하고 이미지의 흰색 배경 부분을 클릭해 줍니다. 이미지는 크기 조절점을 드래그하여 크기를 조절하고 알맞게 배치합니다.

❹ 같은 방법으로 나머지 그림도 삽입하고 메모지를 완성하여 저장합니다.

미션 해결하기

01 페탈리카 페인트에서 채색한 이미지를 활용하여 파워포인트로 엽서와 알림장 표지를 만들어봅니다.

📂 불러올 파일 : 엽서만들기.pptx / 알림장표지.pptx

이미지를 멋진 초상화로

학습 목표
- 나만의 이미지를 AI초상화로 생성해 봅니다.
- 파워포인트 문서의 액자를 완성한 AI초상화로 꾸며봅니다.

완성작품 미리 보기

📁 불러올 파일 : AI초상화.pptx   📁 완성된 파일 : AI초상화완성.pptx

초상화란?

인물의 얼굴과 표정이 주를 이루는 그림 또는 사진 등 예술적 표현을 의미하며, 외모 뿐만 아니라 성격이나 정서, 사회적 지위 등을 표현하기도 합니다.

044 • 인공지능과 함께하는 똑똑한 컴퓨터놀이

1 초상화 생성하기

❶ [07장] 폴더의 '무료 AI초상화생성기(무료 AI 초상화 생성기)' 인터넷 링크를 실행한 후 [업로드(업로드)]를 클릭합니다.

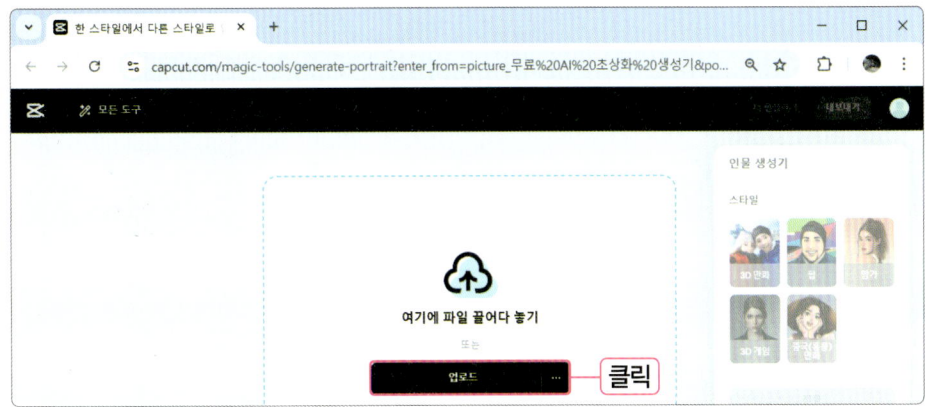

❷ [열기] 대화상자가 나타나면 [07장]-[불러올 파일] 폴더에서 사진(사진4.jpg)을 선택한 후 [열기]를 클릭합니다.

❸ 인물 생성기의 스타일(망가)을 선택하고 [전환]을 클릭합니다.

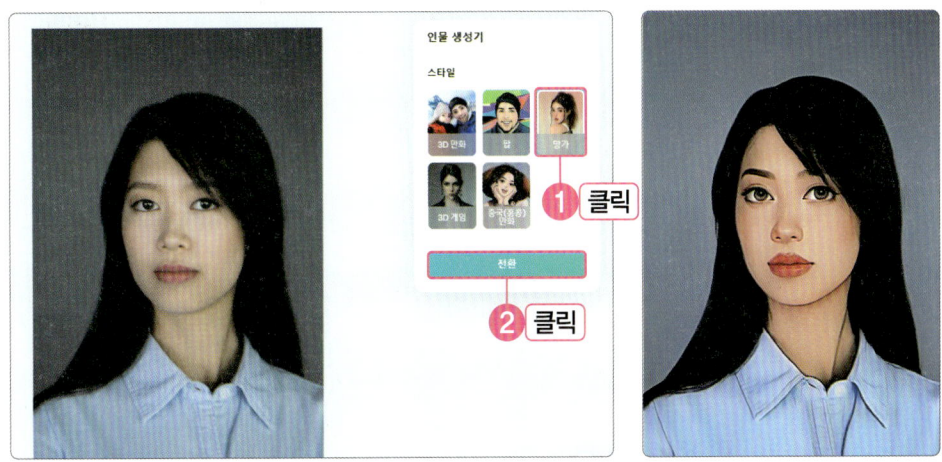

④ 이미지를 캡쳐하여 저장하기 위해 윈도우 검색도구에 '캡쳐 도구'를 입력한 후 목록에서 [캡쳐 도구]를 클릭하여 실행합니다.

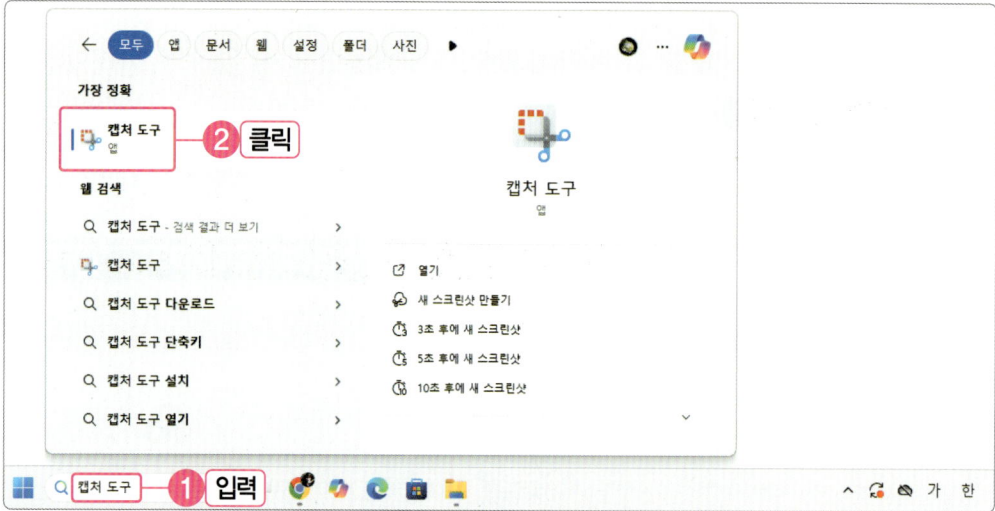

⑤ [+ 새 캡쳐]를 클릭하면 화면 전체가 흐릿하게 바뀌는데, 이때 캡쳐할 부분을 드래그하면 그 부분만 선명해집니다.

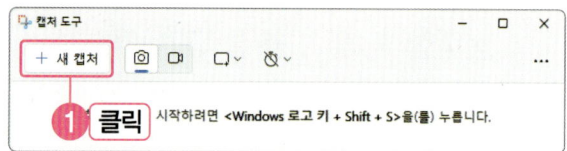

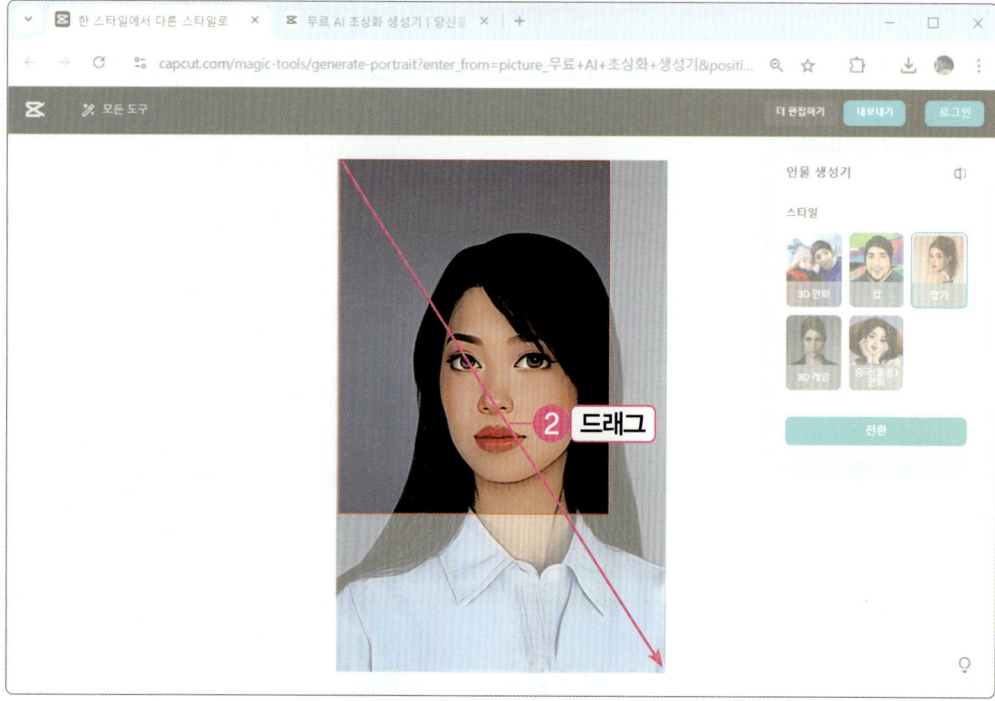

❻ 캡쳐된 사진을 저장하기 위해 [다른이름으로 저장(📁)]을 클릭하여 바탕화면에 저장합니다.

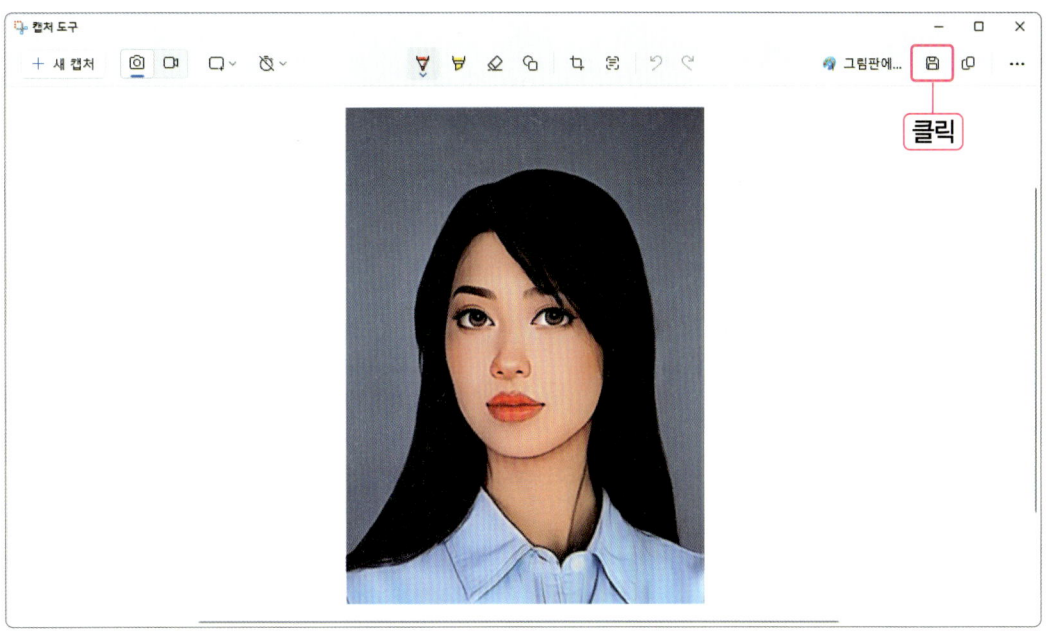

🔊 여기서 잠깐!

원본 사진 바꾸기

초상화 원본 이미지를 다른사진으로 바꾸고 싶을 때는 [교체(🔄)]-[이 장치에서]를 클릭합니다.

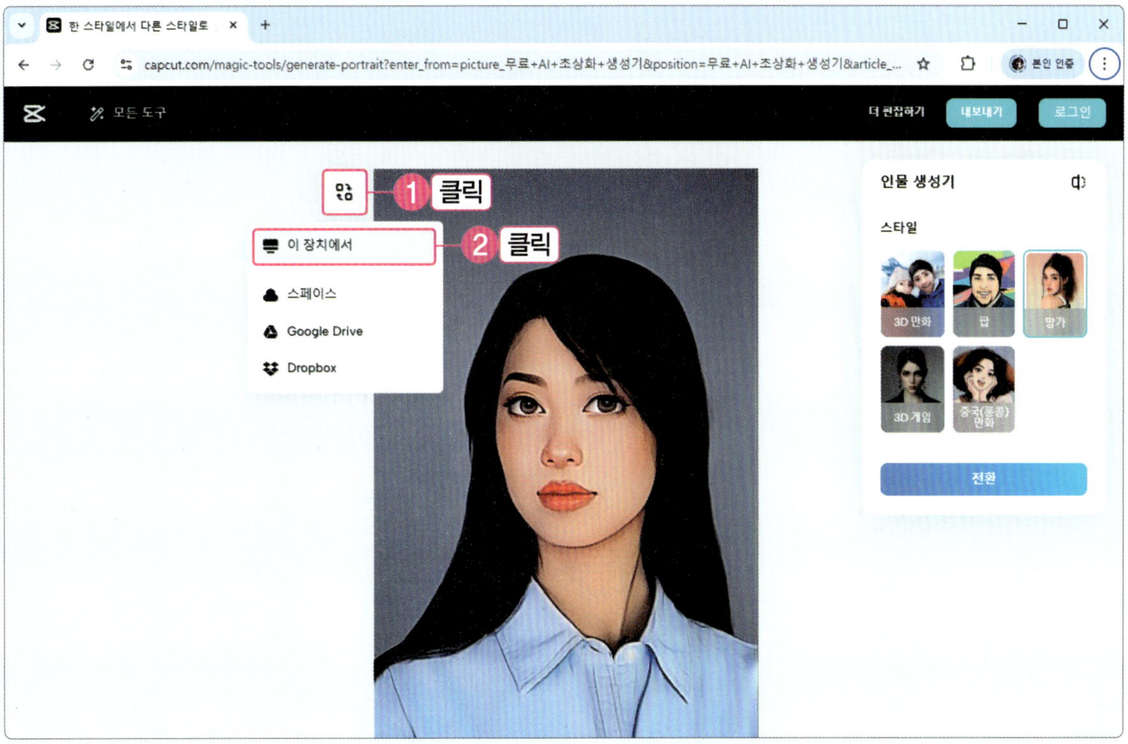

2 파워포인트로 거실액자 만들기

① 초상화 작품집을 만들기 위해 파워포인트를 실행한 후 [파일]-[열기]-[찾아보기]를 클릭합니다. [열기] 대화상자가 나타나면 [07장]-[불러올 파일]-[AI초상화] 파일을 불러옵니다.

② 1번 슬라이드의 이름 텍스트 상자에 본인 이름을 입력합니다.

③ 2번 슬라이드의 첫 번째 도형을 선택하고 [도형서식]-[도형채우기]-[그림]을 클릭합니다.

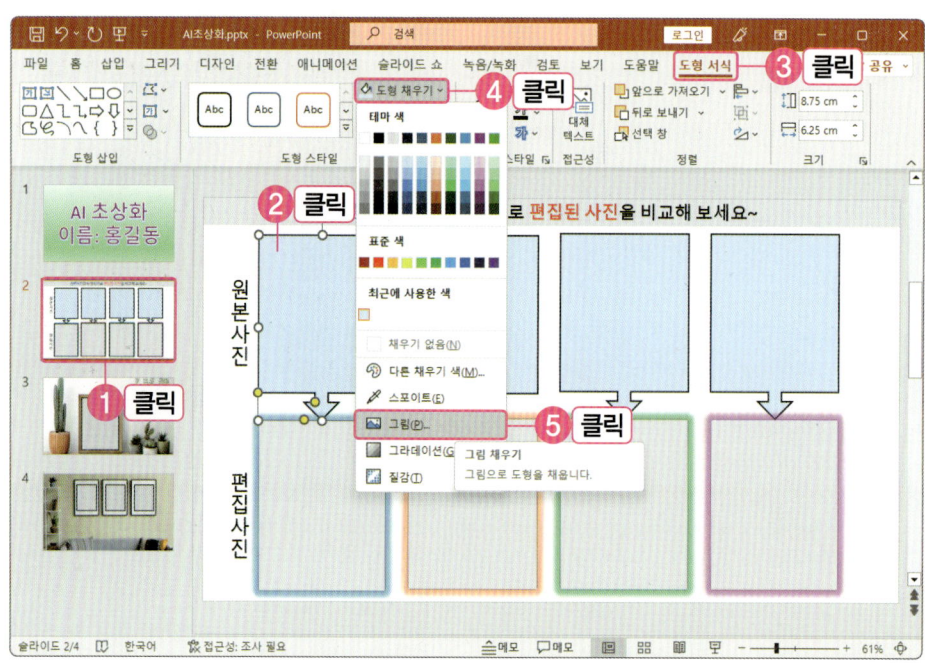

④ [그림 삽입] 화면에서 [파일에서]를 클릭한 후 [그림 삽입] 대화상자가 나타나면 [07장]-[불러올 파일] 폴더에서 사진(사진4.jpg)을 선택하여 삽입합니다.

⑤ 도형 안에 사진이 삽입됩니다. 나머지 도형에도 원본사진과 편집사진을 구분하여 삽입합니다.

❻ 3~4번 슬라이드는 거실액자에 원하는 초상화작품을 삽입하여 완성합니다.

❼ [파일]-[다른이름으로 저장]-[찾아보기]를 클릭하고 저장폴더에 저장합니다.

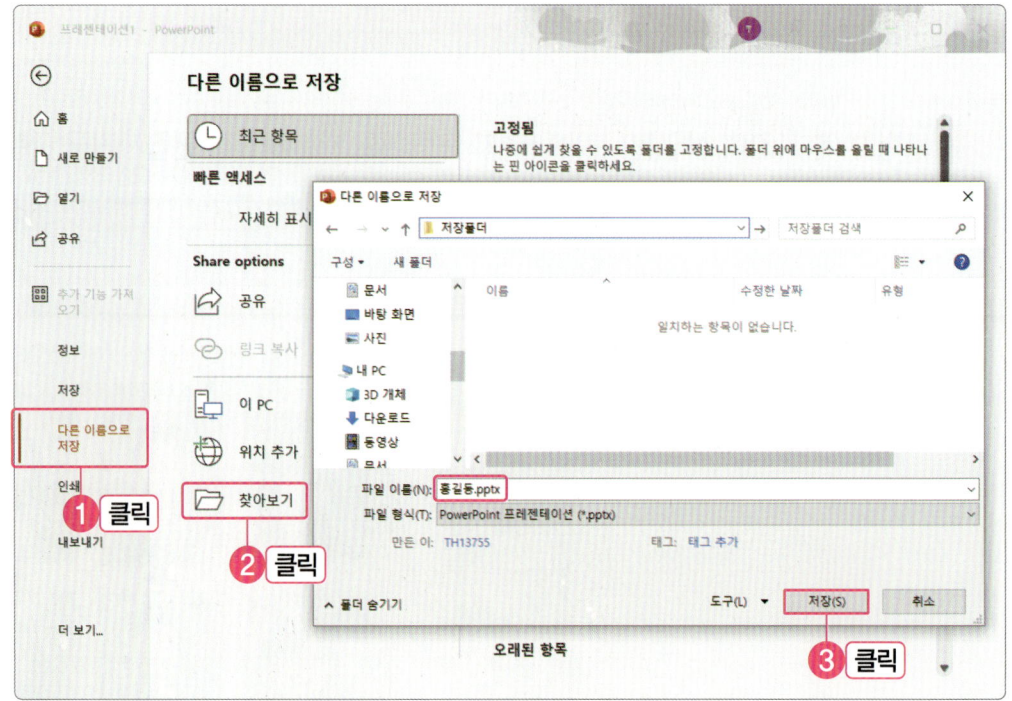

미션 해결하기

01 인터넷으로 다운로드한 연예인 사진으로 AI초상화를 여러가지 스타일로 완성해 봅니다.
📁 불러올 파일 : 미션해결하기.pptx

02 가족,친구,본인 사진으로 AI초상화를 여러가지 스타일로 완성하여 포토앨범을 만들어 보세요.
📁 불러올 파일 : 포토앨범.pptx

CHAPTER 08
텍스트로 인공지능 이미지 생성하기

학습 목표
- 프롬프트로 이미지를 생성하는 방법을 배워봅니다.
- 파파고 번역기의 사용 방법을 배워봅니다.

완성작품 미리 보기

📁 불러올 파일 : 없음   📁 완성된 파일 : 없음

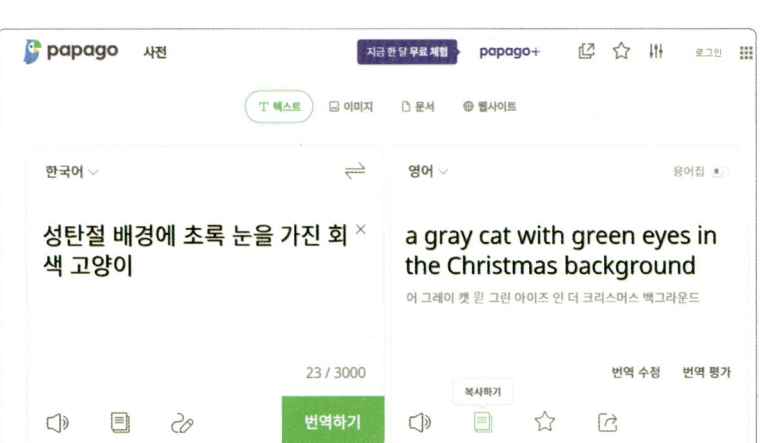

프롬프트란?

프롬프트(Prompt)는 생성형 AI에게 특정한 작업을 수행하도록 요청하는 질문 및 명령어를 뜻합니다. 사람과 마찬가지로 AI에게 확실한 결과를 얻으려면 두루뭉실한 지시가 아닌, 확실한 지시를 내려야 합니다.

1 파파고 번역기 사용하기

① 크롬 브라우저를 실행하고 검색창에 '파파고'를 입력하여 접속합니다.

② 언어를 선택하고 번역할 내용을 입력한 후 [번역하기]를 클릭합니다.

※ 세계 여러나라의 언어를 바꿔가며 단어나 문장을 입력하여 번역할 수 있습니다.

③ 같은 방법으로 이미지 생성을 위한 영어 문장을 만들기 위해 파파고 번역기로 한글 내용을 입력 후 [번역하기]를 클릭하여 영어 문장으로 번역한 다음 [복사하기(📄)]를 클릭합니다.

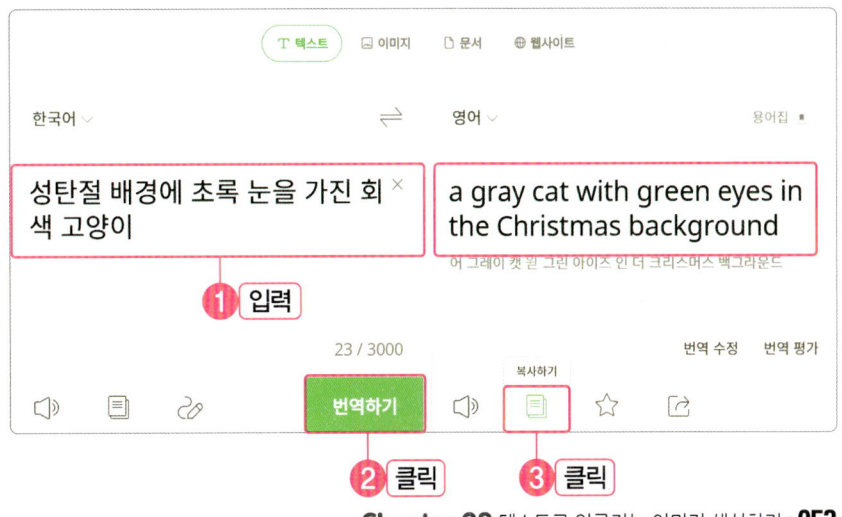

Chapter 08 텍스트로 인공지능 이미지 생성하기 • **053**

2. 텍스트로 이미지 생성하기

❶ 텍스트로 AI이미지 생성을 위해 [08장] 폴더의 '텍스트를 이미지로 자동 변환(텍스트를 이미지로 자동 변환)'을 실행합니다.

※ 광고 화면이 나오면 닫기(X)를 클릭합니다.

❷ 이미지 변환 창의 '프롬프트 입력' 란에서 마우스 오른쪽 버튼을 눌러 바로 가기 메뉴의 [붙여넣기]를 클릭하거나 Ctrl+V를 누릅니다.

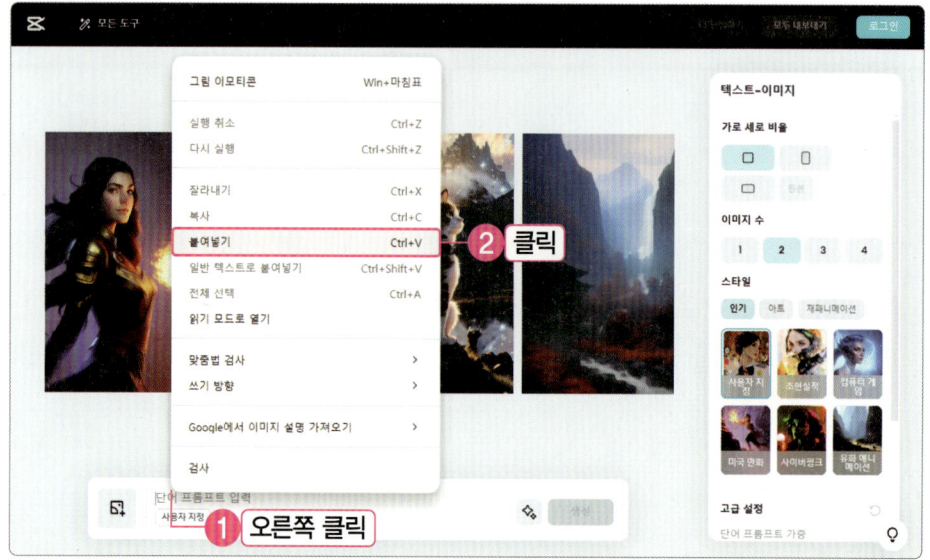

③ 파파고 번역기로 번역한 프롬프트 내용이 붙여넣어지면 [생성]을 클릭하여 결과를 확인합니다.

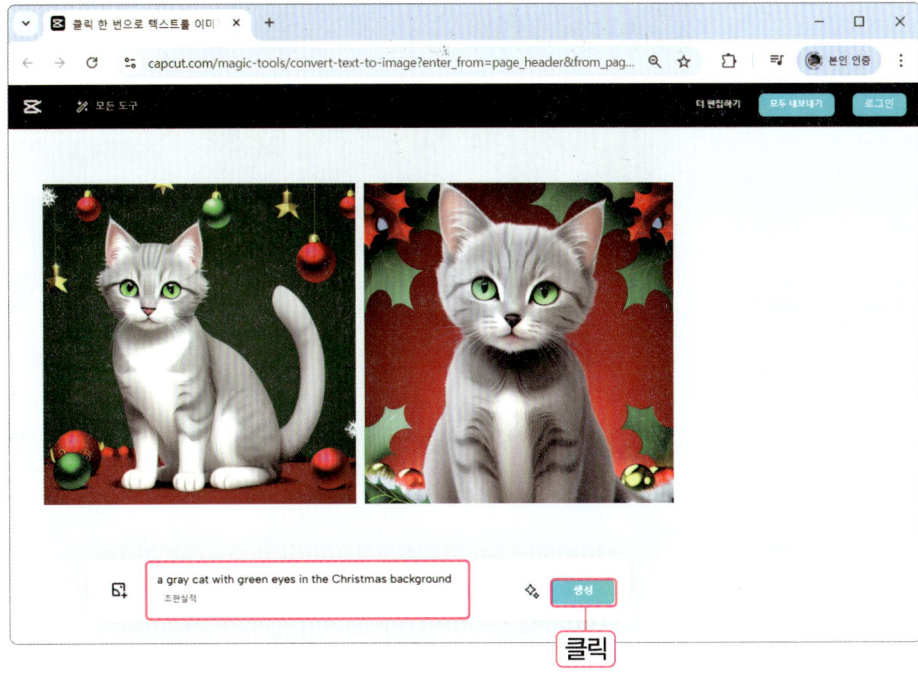

④ 완성된 이미지를 캡쳐하기 위해 윈도우 검색창에 '캡쳐 도구'를 입력한 후 목록에서 [캡쳐 도구]를 클릭하여 실행합니다.

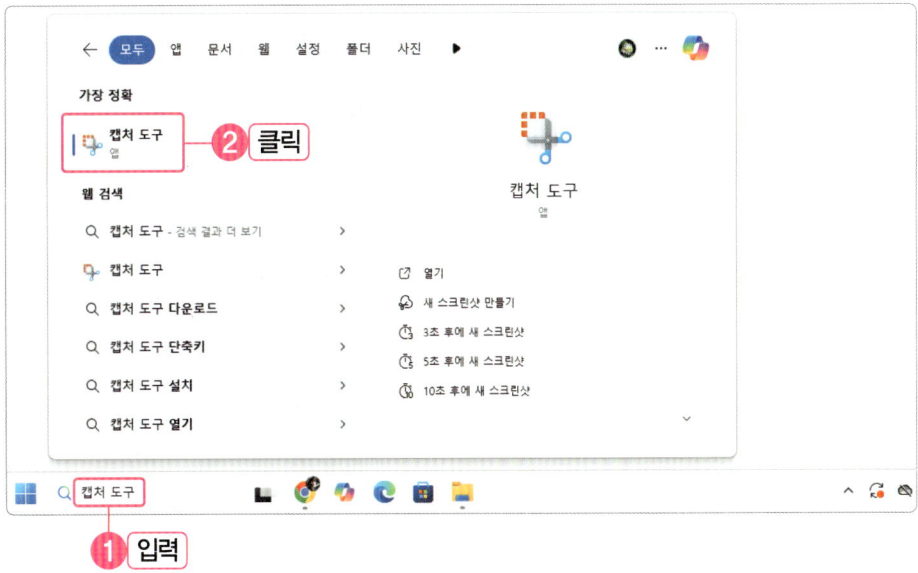

⑤ [캡처 도구] 창에서 [+ 새 캡처]를 클릭 후 캡처할 그림을 드래그합니다.

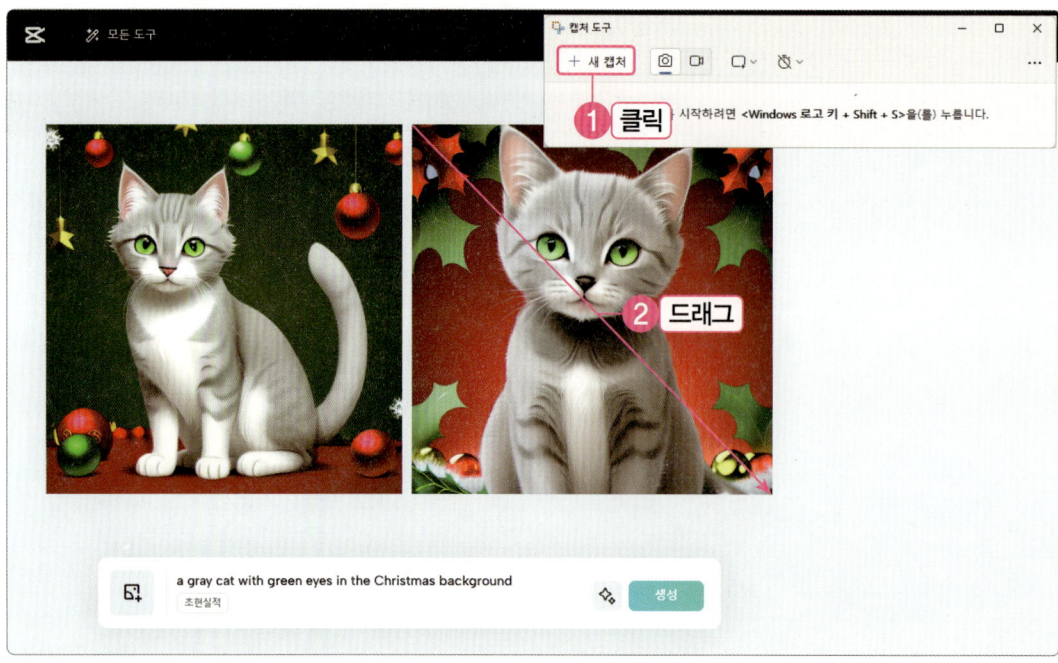

⑥ [캡쳐 도구] 창에 캡처한 그림이 표시되면 [다른 이름으로 저장(📷)]을 클릭하여 저장합니다.

미션 해결하기

01 파파고 번역기를 활용한 프롬프트 텍스트를 입력하여 여러 가지 AI이미지(귀여운 동물, 게임캐릭터)를 생성해 보세요.

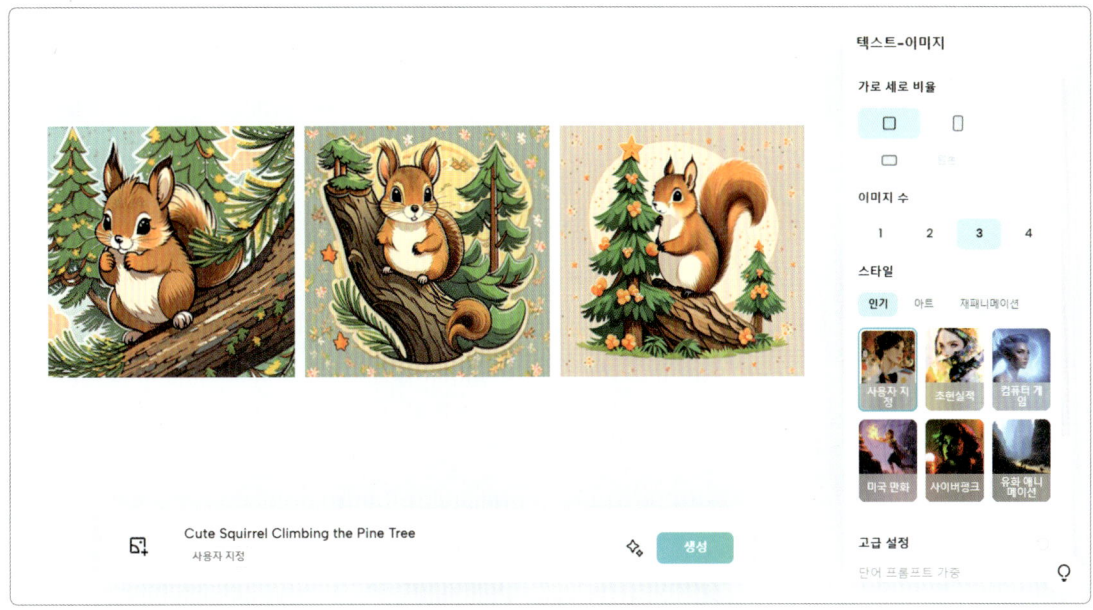

Chapter 08 텍스트로 인공지능 이미지 생성하기 • 057

CHAPTER 09
이미지로 AI 이미지 생성하기

학습 목표
- 이미지로 AI 이미지를 생성하는 방법을 알아봅니다.
- 파파고 번역기로 수정할 내용의 영어 문장을 만들어봅니다.

완성작품 미리 보기

■ 불러올 파일 : 없음   ■ 완성된 파일 : 없음

파파고(Papago)

언어 능력이 출중한 앵무새를 의미하는 에스페란토어로 한국어, 영어, 일본어, 중국어 등 12종 언어쌍의 통번역 서비스 플랫폼을 의미합니다.

1 이미지를 AI이미지로 생성하기

❶ [09장] 폴더의 '이미지에서 AI이미지 생성(이미지에서 AI이미지 생성)'을 실행합니다.

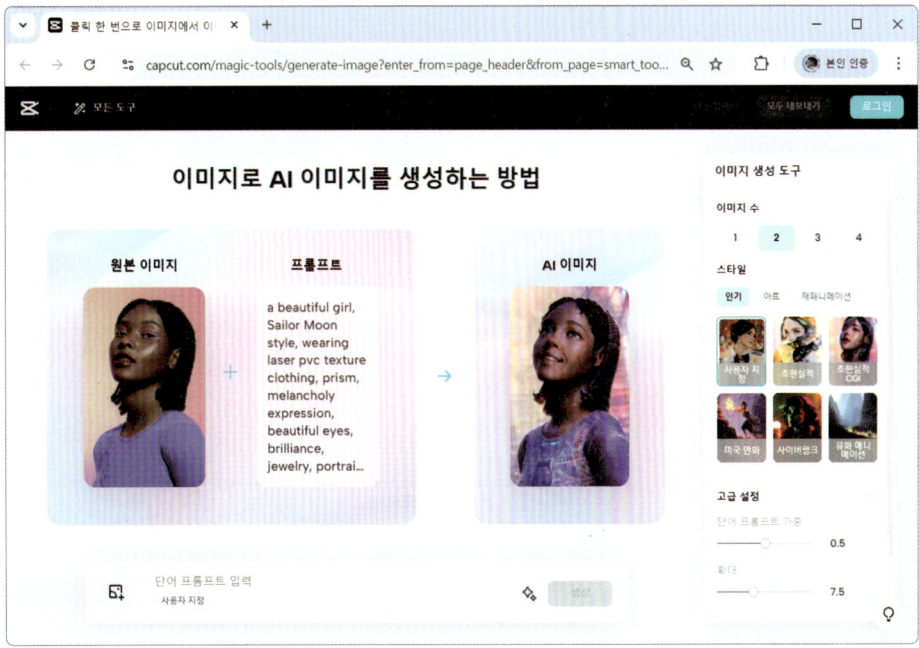

❷ 이미지를 업로드하여 AI 이미지를 생성하기 위해 아이콘을 클릭 후 [이 장치에서]를 클릭합니다.

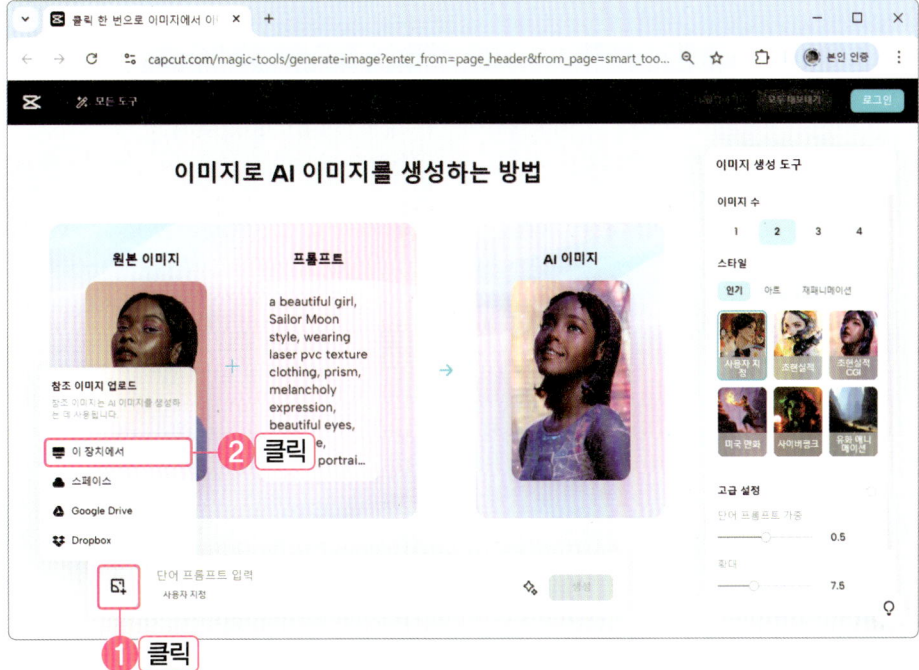

❸ [열기] 대화상자가 나타나면 [09장]-[불러올파일] 폴더에서 편집할 사진(사진3.jpg)을 선택한 다음 [열기]를 클릭합니다.

❹ 인터넷 창을 닫지 않고 [새 탭(+)]을 클릭하여 인터넷 탭 하나를 추가해 줍니다.

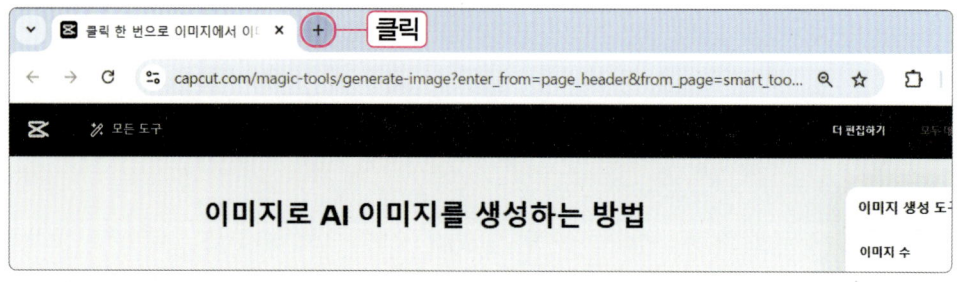

❺ 프롬프트 내용을 입력하기 위해 크롬의 구글 검색에서 '파파고'를 검색하여 실행합니다.

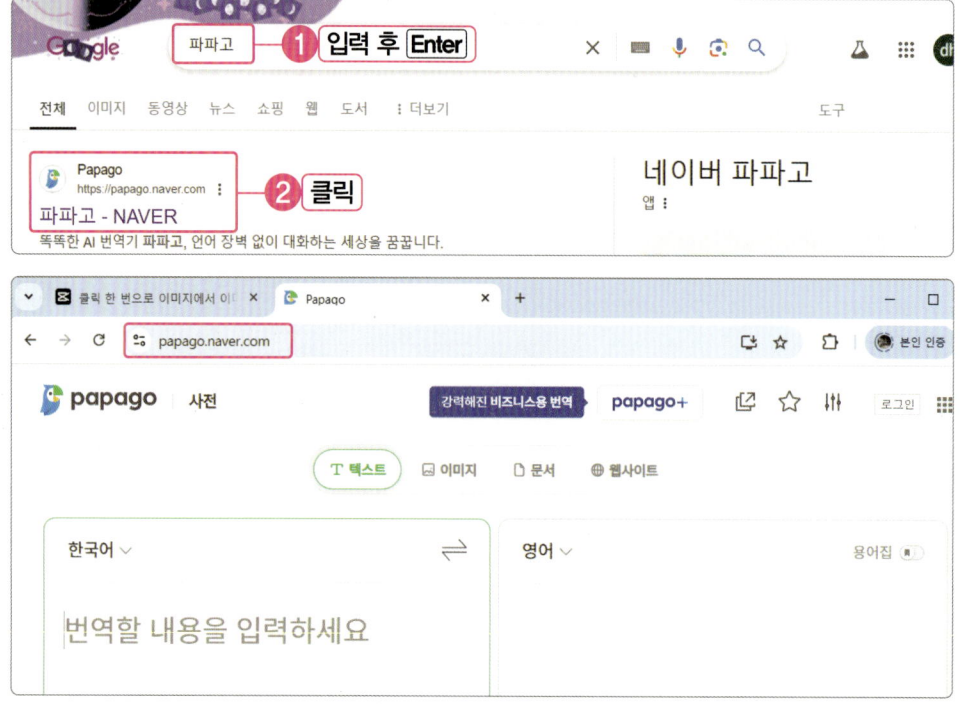

⑥ 원본이미지를 원하는 AI 이미지로 생성하기 위한 조건을 한국어로 입력하고 영어로 [번역하기]를 클릭합니다. ※ 번역할 한국어 내용 : 기쁜 표정, 초롱초롱한 눈, 통통한 볼

⑦ 번역한 영어 문장에서 [복사하기(📋)]를 클릭합니다.

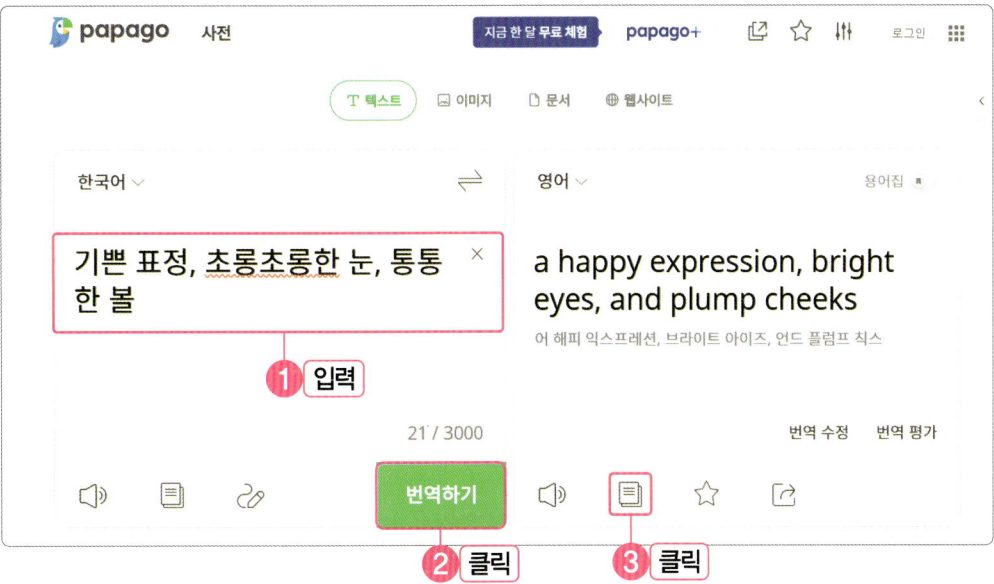

⑧ [클릭 한 번으로 이미지에서..] 탭을 클릭하여 창을 이동한 후, '단어 프롬프트 입력' 란에 마우스 오른쪽 단추를 눌러 바로 가기 메뉴의 [붙여넣기]를 클릭합니다.

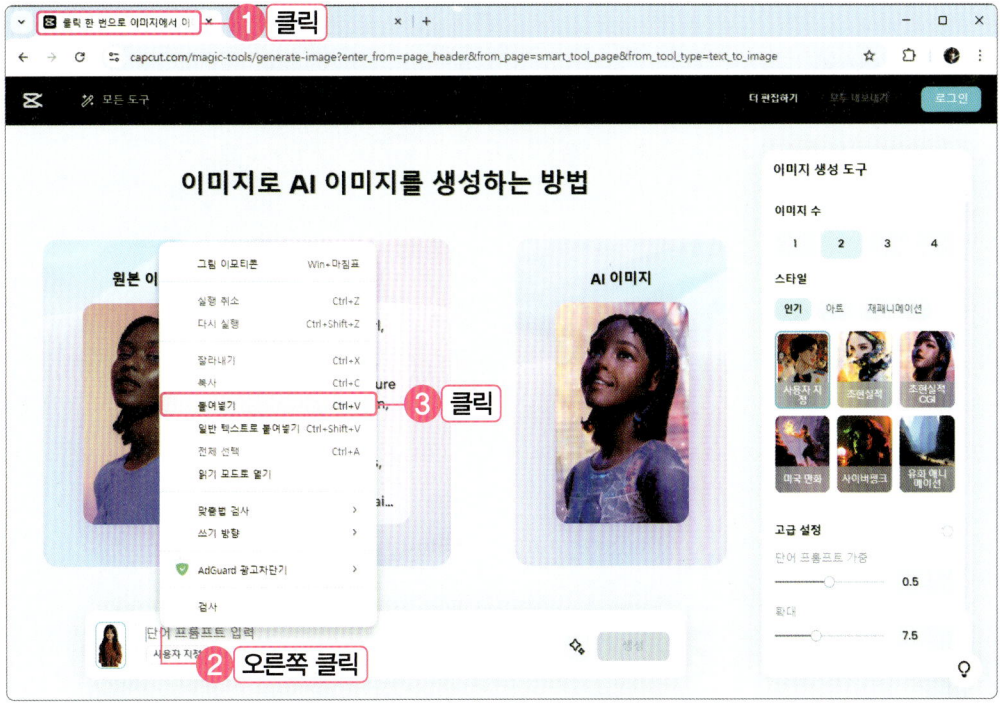

❾ 오른쪽의 이미지 생성 도구 항목의 이미지 수(3), 스타일(사용자 지정) 등을 선택하고 [생성]을 클릭합니다.

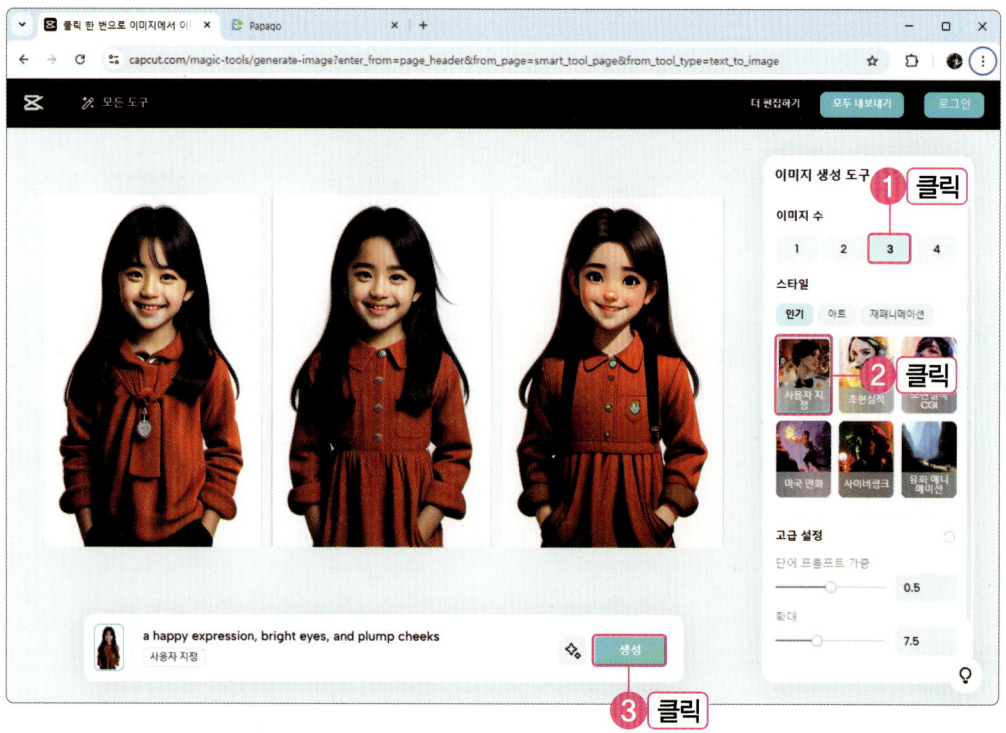

❿ 생성된 이미지 중에서 마음에 드는 이미지를 [캡쳐 도구]로 캡쳐하여 이미지파일을 저장폴더에 저장합니다.

> **TIP**
>
> 캡처 도구 사용하여 이미지 캡처 후 저장하기
> ❶ 캡처 도구는 윈도우 검색창에서 "캡처 도구"를 입력한 후 목록의 [캡처 도구]를 클릭하여 실행합니다.
> ❷ [+ 새 캡처]를 클릭한 후 캡처할 이미지를 드래그한 다음 [다른 이름으로 저장]을 클릭합니다.

미션 해결하기

01 인터넷에서 좋아하는 연예인 사진을 다운로드하여 AI이미지를 생성해 봅니다.

<원본 이미지>   <AI생성 이미지>

02 내 사진이나 친구 사진을 이용하여 AI이미지를 생성해 봅니다.

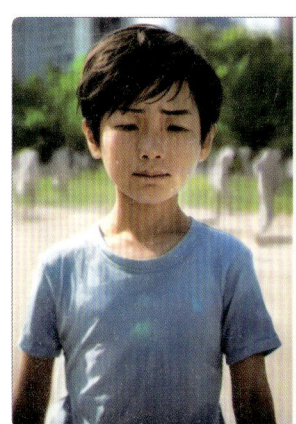

<원본 이미지>   <AI생성 이미지>

CHAPTER 10
AI 명함 만들기

학습 목표
- AI명함을 만드는 방법에 대해 알아봅니다.
- 명함 디자인을 변경하고 저장하는 방법에 대해 알아봅니다.

완성작품 미리 보기

📁 불러올 파일 : 없음   📁 완성된 파일 : 명함1.jpg~명함6.jpg

명함이란?
단체 또는 회사가 자신의 이미지와 존재를 알리기 위해 이름, 전화번호, 직책 등 정보를 기재하여 만든 작은 종이 카드를 의미합니다.

1 AI 명함 만들기

① 명함 디자인을 하기 위해 [10장] 폴더의 'AI 명함만들기(AI 명함만들기)'를 실행합니다.

② 명함 만들기 페이지가 실행되면 사업체 이름 입력란에 본인의 이름을 입력하고 [지금 시작하세요]를 클릭합니다.

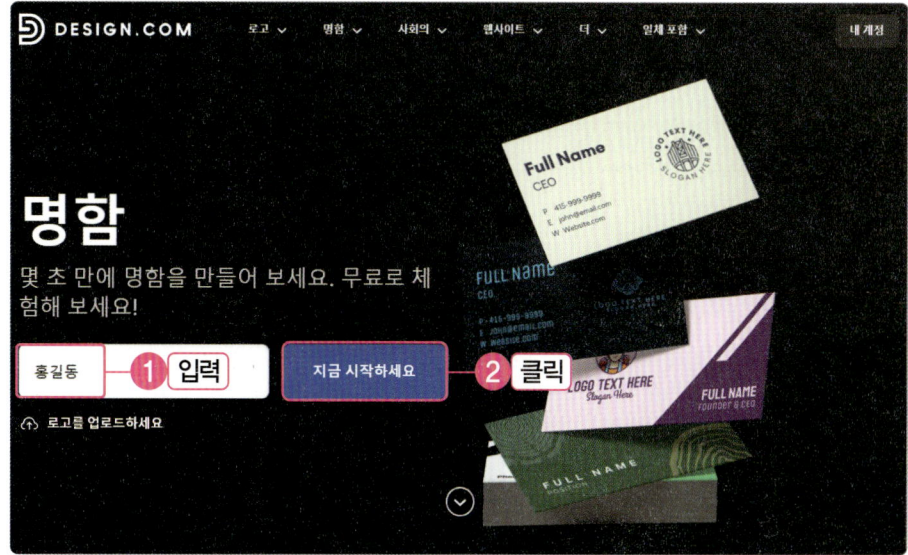

③ 키워드 입력란에 명함 디자인에 필요한 내용을 입력하고 [계속하다]를 클릭합니다.

※ 키워드 항목은 영문(Puppy, brown, cute)으로 입력하며, 파파고 등을 활용하면 도움이됩니다.

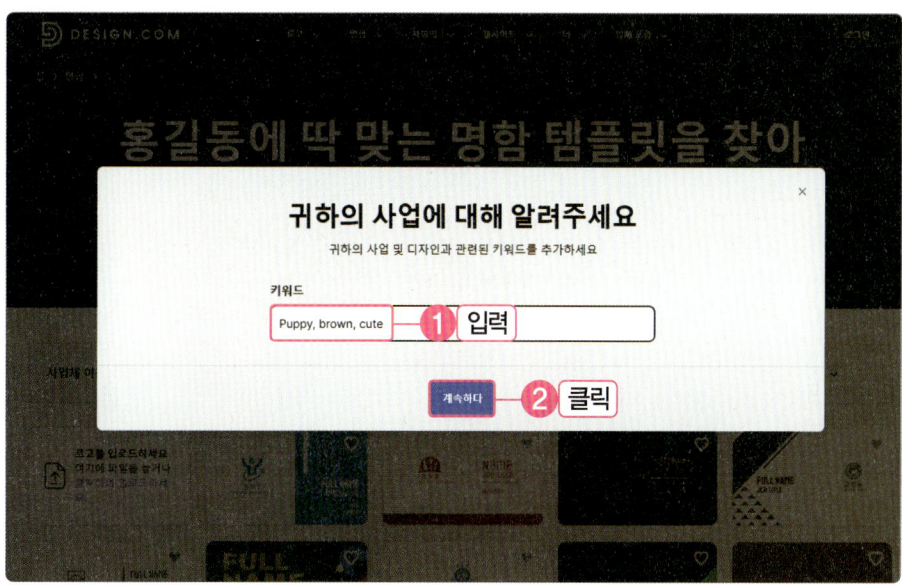

④ 키워드에 의한 명함의 검색 목록이 표시되면 원하는 디자인을 클릭합니다.

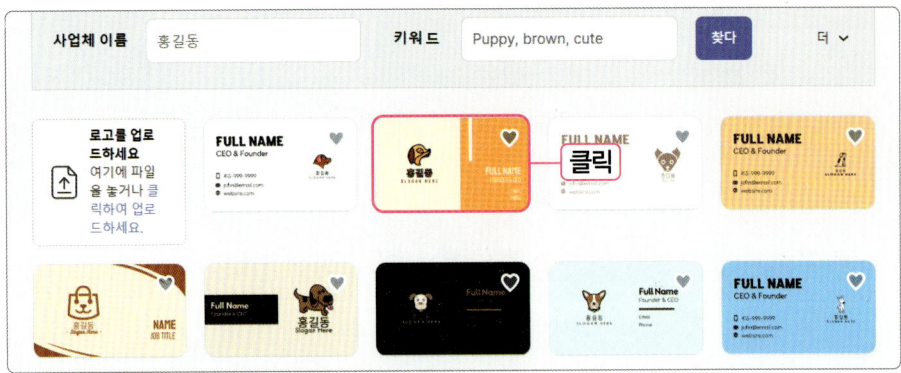

⑤ 선택한 디자인이 화면에 표시되면 오른쪽 템플릿 목록에서 원하는 템블릿을 선택합니다.

⑥ 선택한 템플릿에서 텍스트를 편집하기 위해 [FULL NAME]을 클릭 후, [텍스트] 메뉴를 클릭한 다음 [텍스트편집]의 텍스트 입력란에 이름을 입력합니다.

❼ 입력된 텍스트의 색, 크기, 간격, 곡선텍스트, 개요, 그림자 설정 기능을 활용하여 원하는 스타일로 텍스트를 꾸며줍니다.

※ 글꼴은 영문글꼴 기준이며, 한글은 기본글꼴 이외의 글꼴은 적용되지 않습니다.

❽ [배경] 메뉴를 클릭 후 원하는 스타일의 배경색으로 수정합니다.

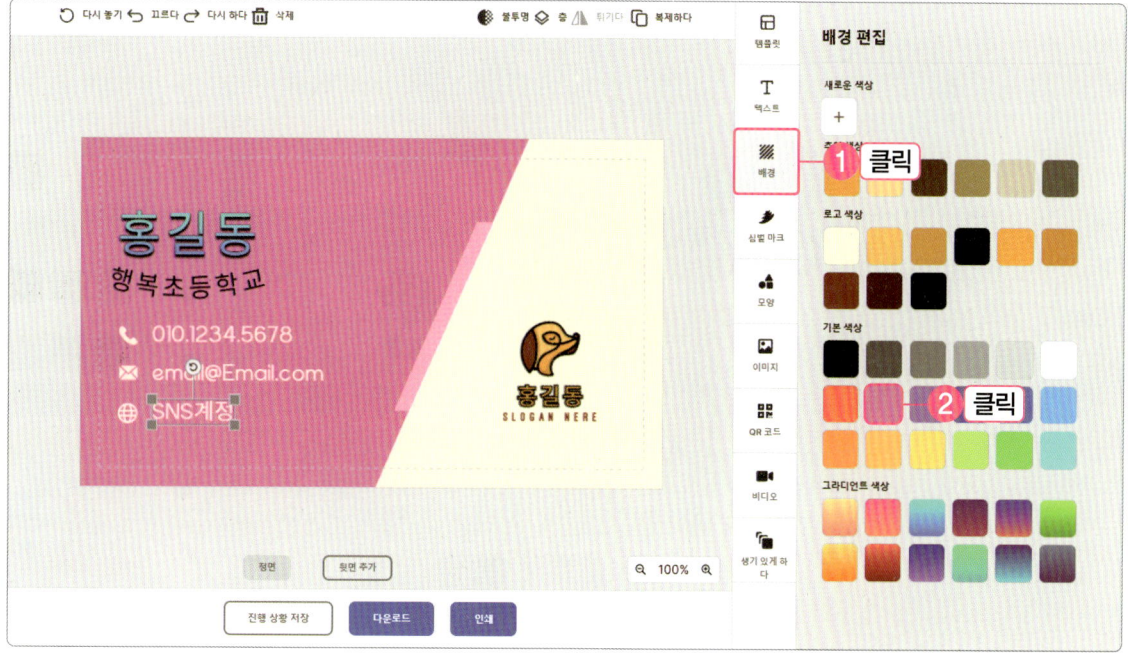

⑨ 명함 로고의 색상과 디자인을 변경하기 위해 [로고]를 클릭한 후 [심벌 마크] 메뉴에서 로고 색상 및 로고 텍스트, 지원 텍스트 1 등을 수정합니다.

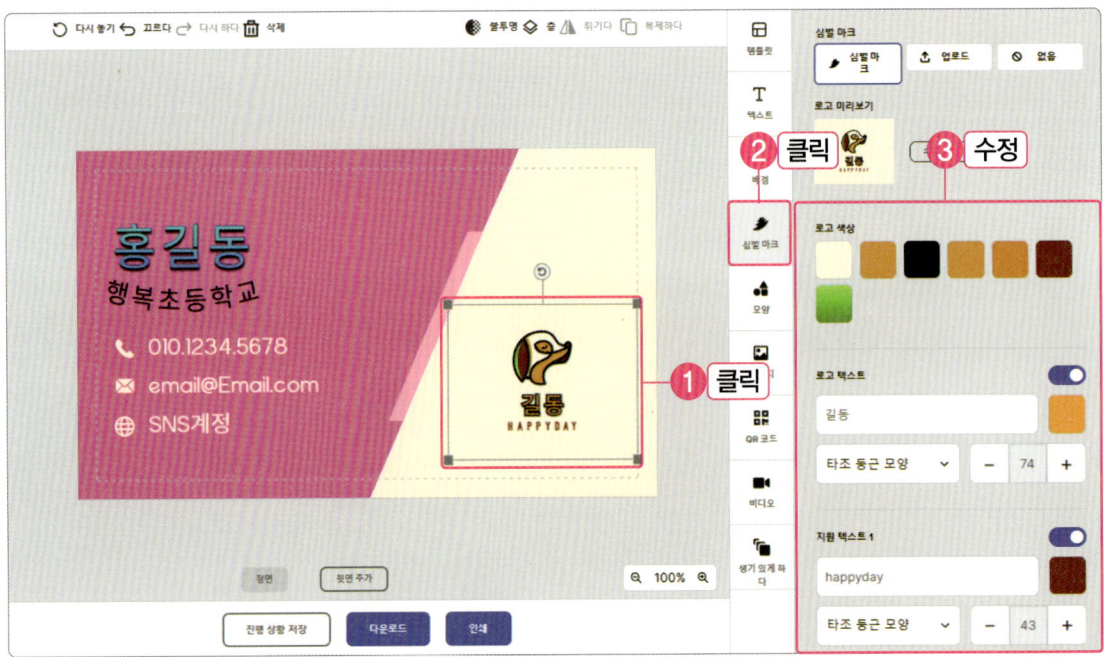

⑩ 명함의 모양(도형)을 클릭 후 [모양] 메뉴에서 디자인된 모양의 색상을 변경합니다.

⑪ 명함이 완성되면 [캡쳐 도구] 프로그램으로 명함 이미지만 드래그하여 캡쳐한 후 [다른 이름으로 저장(🖫)]을 클릭하여 저장합니다.

미션 해결하기

01 [명함]-[인기 키워드]를 사용하여 여러 가지 명함 디자인을 편집하고 저장해 봅니다.

파워포인트로 명함 꾸미기

학습 목표
- 도형 안에 그림을 삽입하는 방법에 대해 알아봅니다.
- 그림 서식의 설정 방법을 알아봅니다.

완성작품 미리 보기

📂 불러올 파일 : 명함꾸미기.pptx   📂 완성된 파일 : 명함꾸미기완성.pptx

파워포인트로 명함 꾸미기

1. 파워포인트를 실행한 후 [파일]-[열기]-[찾아보기]를 클릭합니다. [열기] 대화상자가 나타나면 [11장]-[불러올파일]-[명함꾸미기] 파일을 불러옵니다.

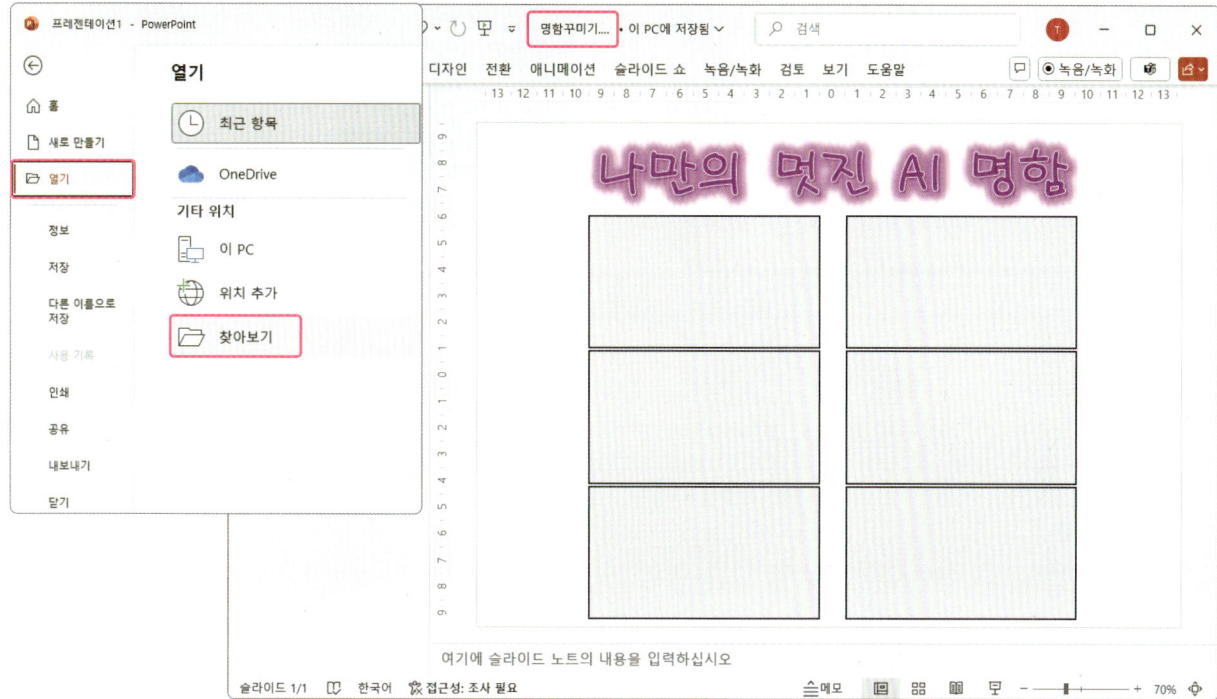

2. 첫 번째 직사각형을 클릭하고 [도형 서식]-[도형 채우기]-[그림]을 클릭 후 [그림 삽입] 화면의 [파일에서]를 클릭합니다.

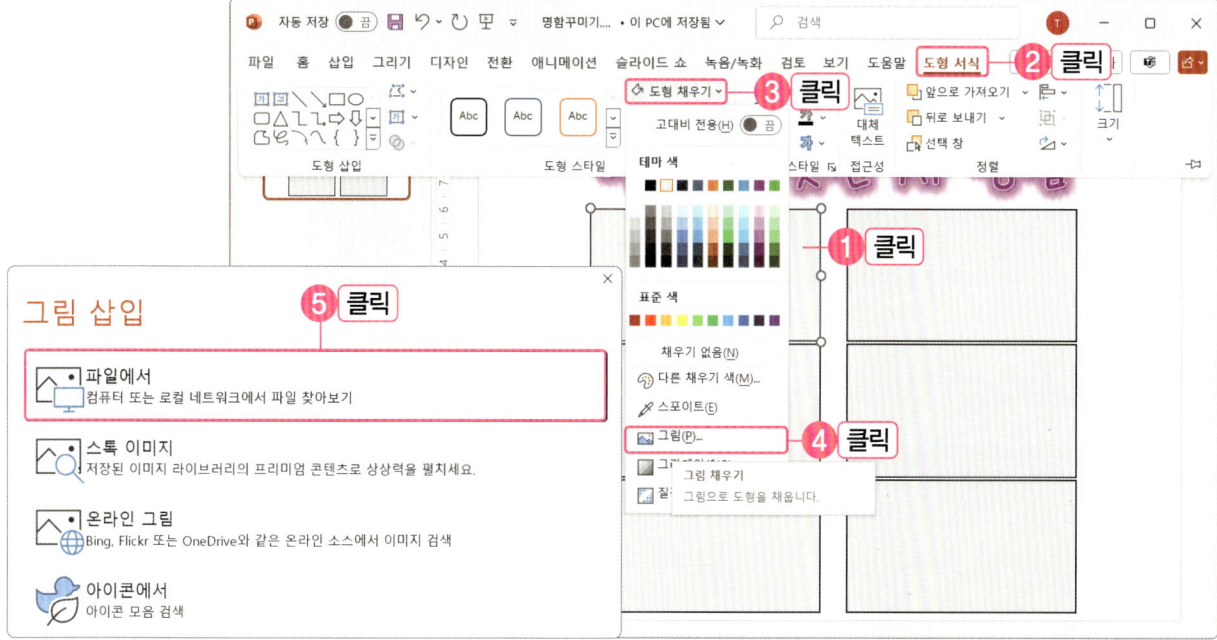

❸ [10장]에서 학습하고 저장했던 AI 명함을 저장폴더에서 선택(명함1.jpg)하여 삽입합니다.

※ 저장 파일이 없다면 [11장]-[불러올파일] 폴더에 제공되는 명함 파일을 사용합니다.

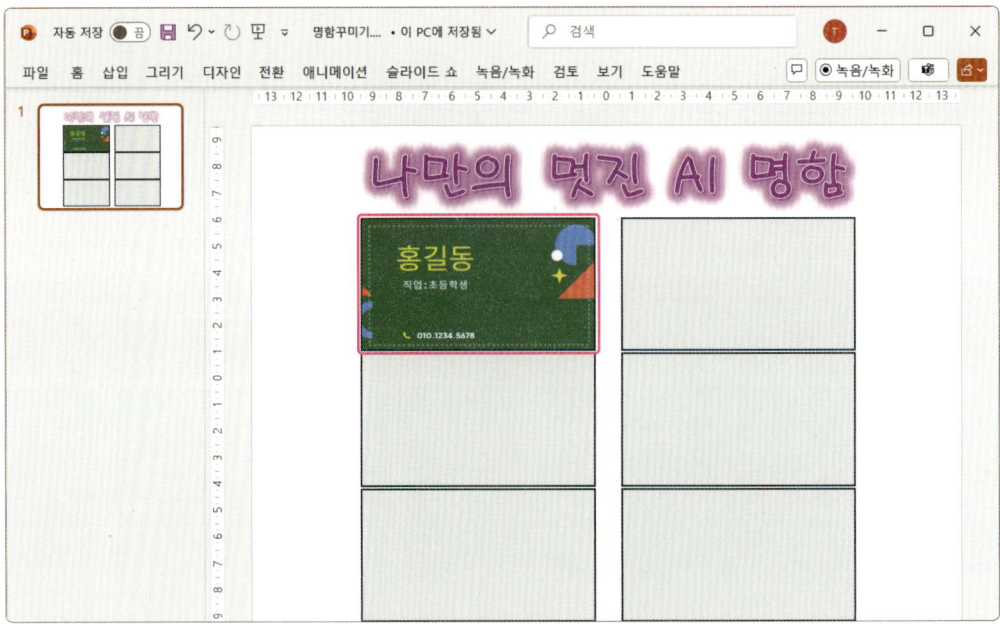

❹ 같은 방법으로 직사각형에 명함 그림(명함2~명함6)으로 도형 채우기를 완성합니다.

❺ 삽입된 명함에 AI이미지를 삽입하기 위해 [삽입]-[이미지]-[그림]-[이 디바이스]를 클릭합니다.

❻ [그림 삽입] 대화상자가 나타나면 [11장]-[불러올 파일] 폴더에서 AI이미지로 편집된 사진 파일을 삽입합니다.

※ [07장] ~ [09장]에서 학습하여 저장했던 이미지를 참고하여 삽입합니다.

❼ 삽입된 이미지를 클릭하고 [그림 서식]-[빠른 스타일] 도구를 선택한 후 [부드러운 가장자리 타원(🌅)]을 클릭합니다.

❽ 나머지 명함에도 같은 방법으로 그림을 삽입하고 [그림서식]-[빠른 스타일]로 변경해 봅니다.

미션 해결하기

01 명함꾸미기 1번 슬라이드를 복제한 후 2번 슬라이드에는 [삽입]-[그림]-[스톡 이미지]의 스티커를 삽입하여 꾸며보세요.

02 파워포인트로 나만의 멋진 명함케이스를 만들어보세요.
📁 불러올 파일 : 명함케이스.pptx

Chapter 11 파워포인트로 명함 꾸미기 • **075**

CHAPTER 12
생성형AI와 실크아트 그리기

학습 목표
- 실크아트로 데칼코마니 그림을 그리는 방법에 대해 알아봅니다.
- 망고툰으로 예술작품 소개를 만들어 봅니다.

완성작품 미리 보기

📁 불러올 파일 : 없음   📁 완성된 파일 : 실크아트완성.png

데칼코마니란?
종이의 한쪽 면에 물감을 바르고 그것을 두겹으로 접었다 떼었을 때, 반대쪽 면에도 같은 물감 무늬가 찍혀 하나의 새로운 이미지를 만들어 내는 것을 말합니다.

1 실크아트AI로 그림 그리기

① 실크아트AI를 실행하기 위해 [12장] 폴더의 '실크아트 AI()' 인터넷 링크를 실행한 후 화면 중앙 부분의 이미지를 클릭합니다.

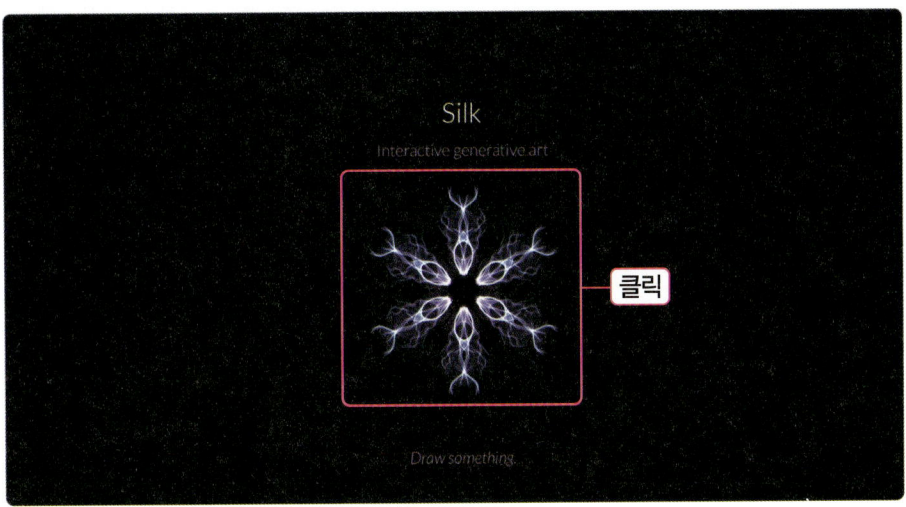

② 실크아트 AI의 작업 캔버스 화면으로 이동됩니다.

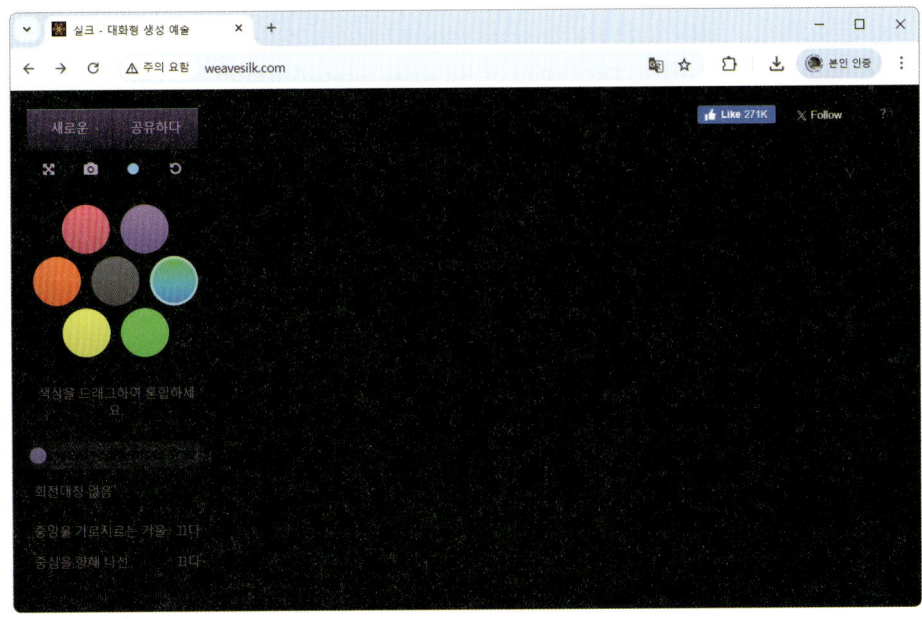

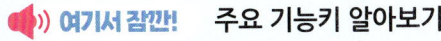 주요 기능키 알아보기

- 키보드의 **SpaceBar** : 새로운 캔버스가 열립니다.
- 키보드의 **Z** : 이전으로 되돌릴 수 있습니다.
- ⛶ : 전체 화면으로 볼 수 있습니다.
- 📷 : 완성된 이미지를 사진으로 저장할 수 있습니다.
- 🔵 : 그리기 옵션을 설정 할 수 있습니다.

Chapter 12 생성형AI와 실크아트 그리기 • **077**

❸ 그리기 옵션의 여러 기능들을 바꿔가면서 캔버스에 드래그하여 그림을 그려봅니다.
※ [통제 수단]의 색 목록에서 원하는 색을 선택한 후 캔버스에 드래그하여 멋진 작품을 만들어 보세요.

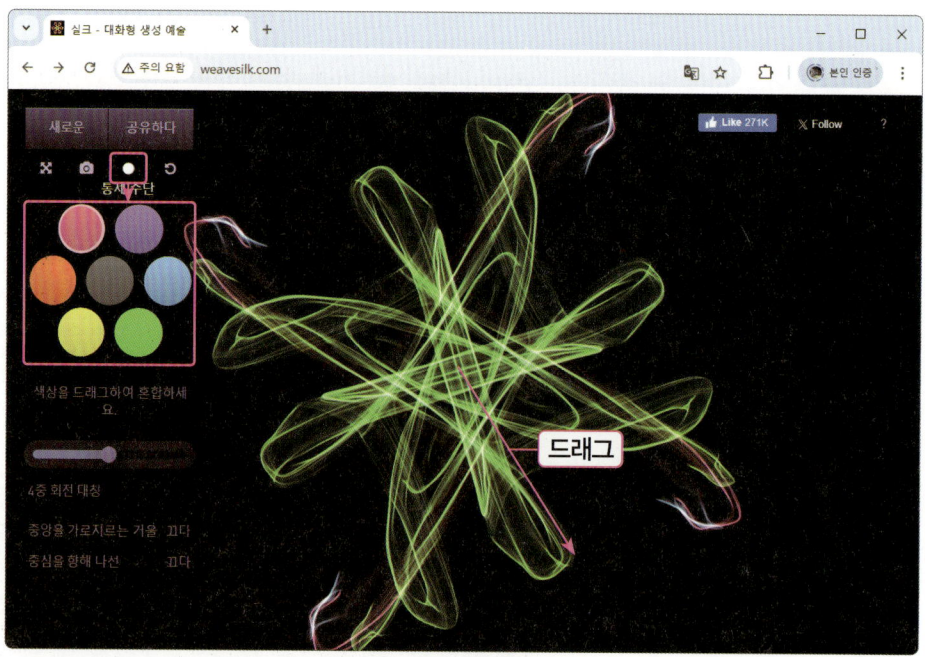

❹ 그림이 완성되면 [사진저장( )]을 클릭합니다.

❺ 왼쪽에 축소된 사진에 마우스 오른쪽 버튼을 클릭 후 [이미지를 다른 이름으로 저장]을 클릭하여 바탕화면에 저장합니다.

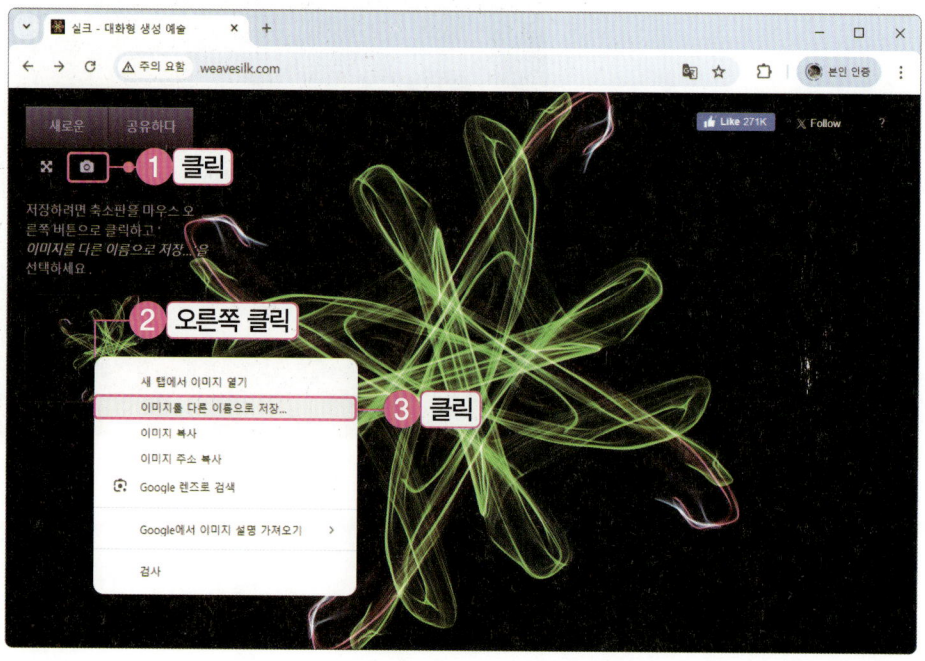

❻ 같은 방법으로 여러 가지 그림을 그려보고 완성된 작품을 바탕화면에 저장해 봅니다.

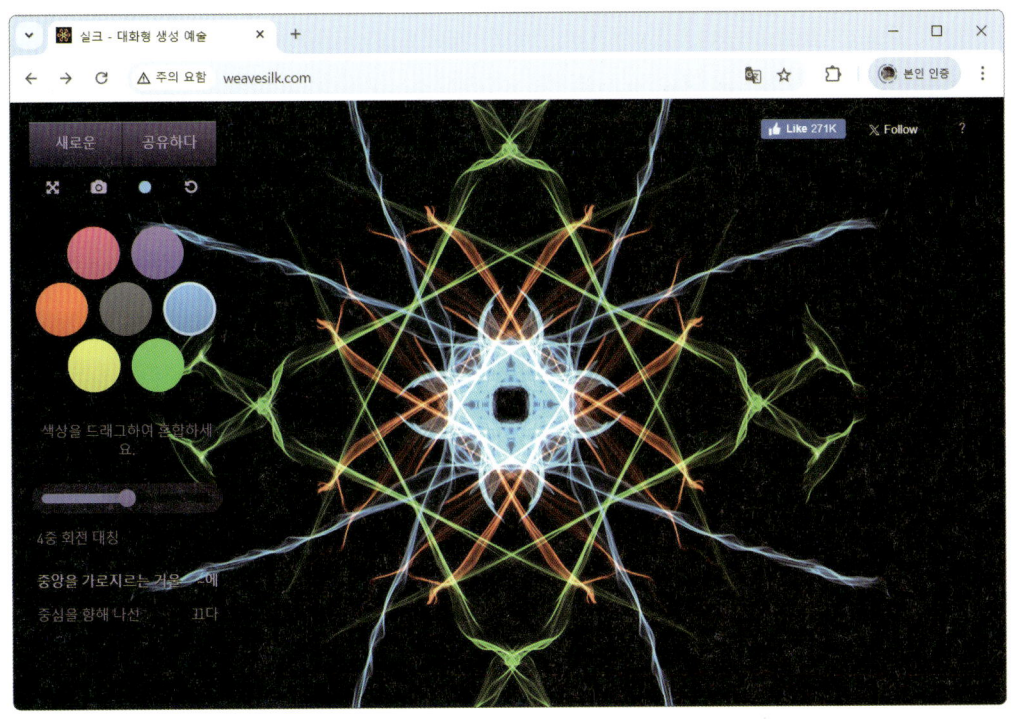

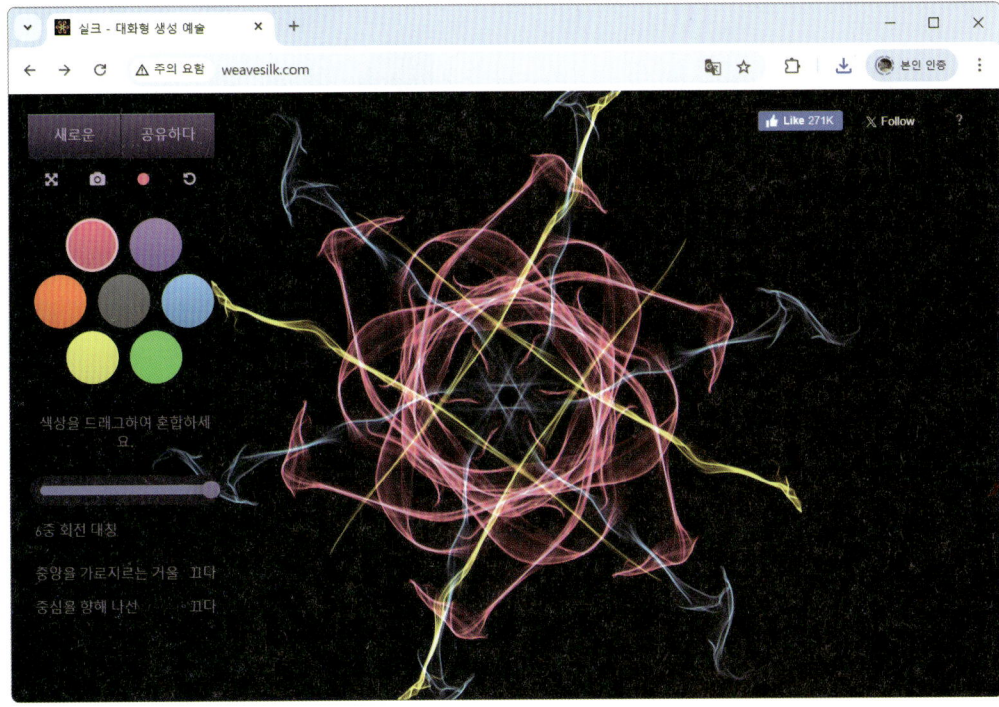

2 망고툰으로 예술작품에 제목 만들기

❶ 크롬 구글 검색에서 "망고툰"을 검색하여 실행합니다.

❷ 망고툰이 실행되면 계정에 [로그인]을 하고 [망고툰(웹툰·애니)] 탭에서 [시작하기]를 클릭합니다.

❸ 왼쪽의 도구에서 [업로드]-[내 파일 업로드]를 클릭 후 실크아트 이미지 파일 2개를 삽입합니다.

※ 저장하지 못한 경우 [12강]-[불러올 파일] 폴더에서 제공하는 그림을 사용합니다.

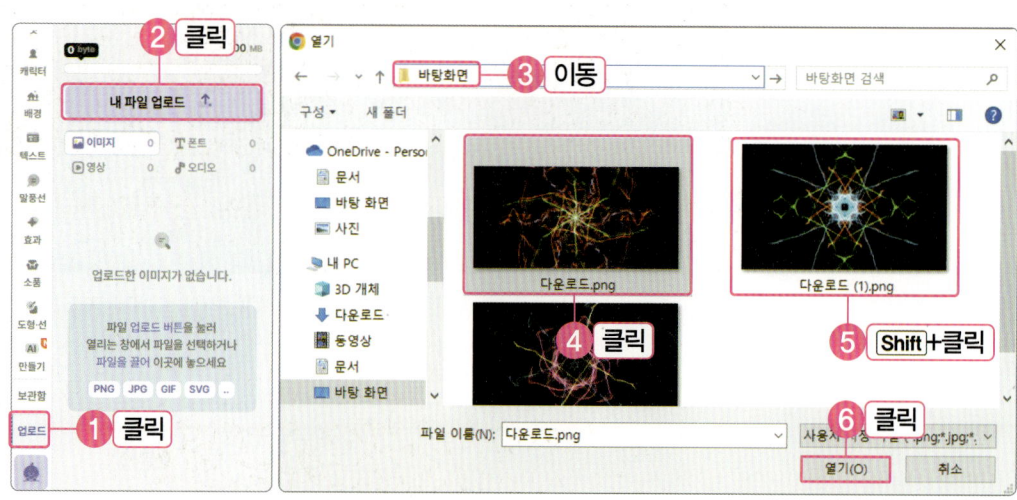

TIP 이전 학습의 실크아트에서 완성한 작품은 바탕화면에 저장해 놓았습니다.

4. [내 파일]에 업로드한 파일이 추가되고 캔버스에도 삽입됩니다.
   ※ 내 파일에 추가된 이미지는 자동으로 캔버스에 삽입됩니다.

5. 이미지 크기 및 배치를 드래그하여 알맞게 조절합니다.

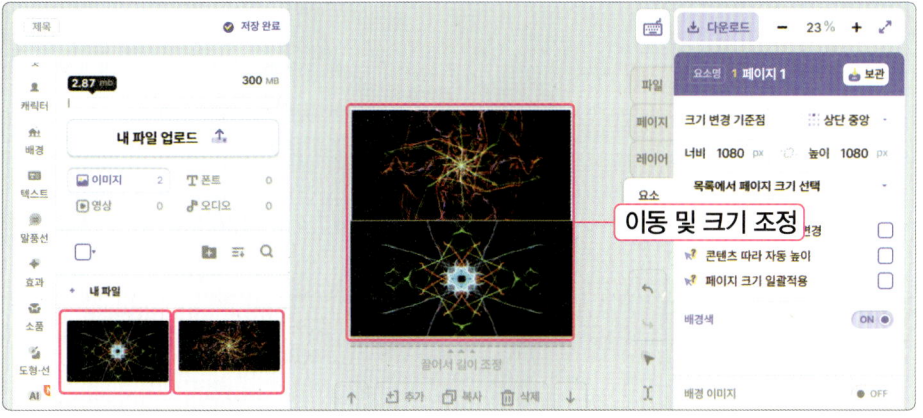

6. 캐릭터 추가를 위해 [캐릭터]를 클릭한 후 마음에 드는 캐릭터를 클릭하여 삽입하고 크기 조절 및 이동합니다. [표정과 자세 변경]을 클릭하면 다양한 동작으로 변경할 수 있습니다.

Chapter 12 생성형AI와 실크아트 그리기 • **081**

❼ 도구의 [말풍선]을 클릭하여 원하는 말풍선을 삽입합니다. 삽입된 말풍선에 "대사를 입력하세요"를 더블클릭한 후 내용을 수정합니다.

❽ 완성된 파일의 저장을 위해 우측 상단의 [다운로드(다운로드)]를 클릭합니다.

❾ 다운로드 작업 창의 [1장 다운로드]를 클릭한 후 바탕화면에 저장합니다.

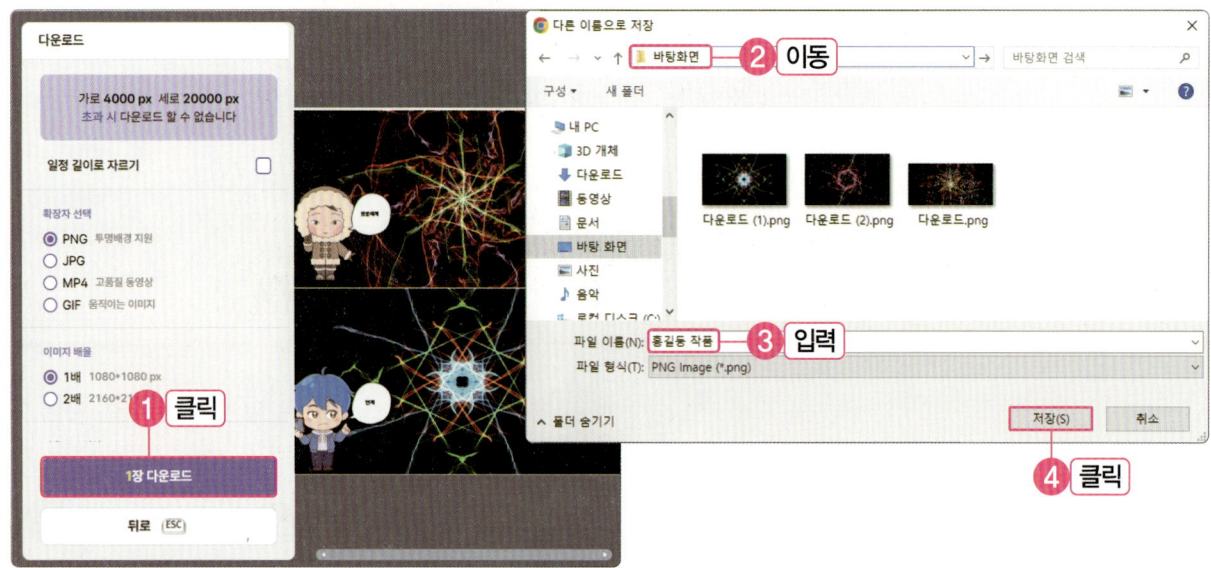

미션 해결하기

01 종이의 한쪽 면에 물감을 바르고 그것을 두겹으로 접었다 떼었을 때 반대쪽 면에도 같은 물감 무늬가 찍혀 하나의 새로운 이미지를 만들어 내는 것을 무엇이라고 할까요?

02 '실크아트AI' 웹을 이용하여 더 많은 예술그림 작품을 만들고 저장해 봅니다.

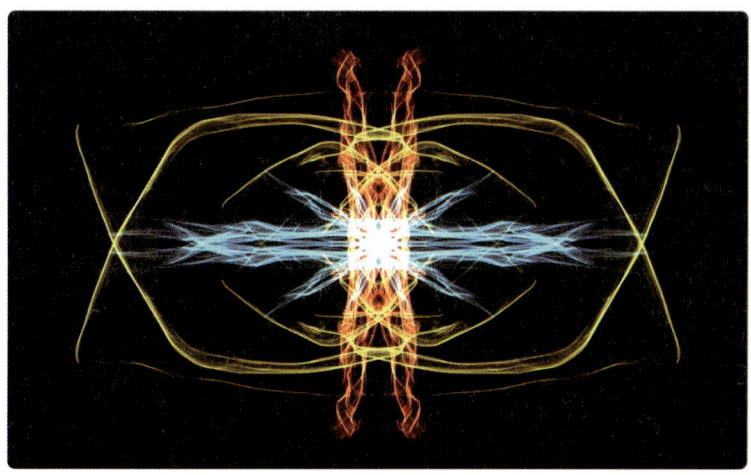

CHAPTER 13
사진 배경 삭제하기

학습 목표
- 리무브비지로 사진 배경을 투명하게 만드는 방법에 대해 알아봅니다.
- 파워포인트로 키링을 만드는 방법에 대해 알아봅니다.

완성작품 미리 보기

📁 불러올 파일 : 키링만들기.pptx   📗 완성된 파일 : 키링만들기완성.png

리무브비지(RemoveBG)
투명 배경 또는 특정 이미지를 배경으로 수정해 주는 플랫폼으로 다양한 효과를 통해 이미지를 수정해 줄 수 있습니다.

1 리무브비지로 이미지 배경 투명하게 제거하기

1. 크롬 구글에서 "리무브비지"를 검색하거나, [13장]-[불러올 파일] 폴더의 '리무브비지()' 인터넷 링크를 실행한 후 [이미지 업로드]를 클릭합니다.

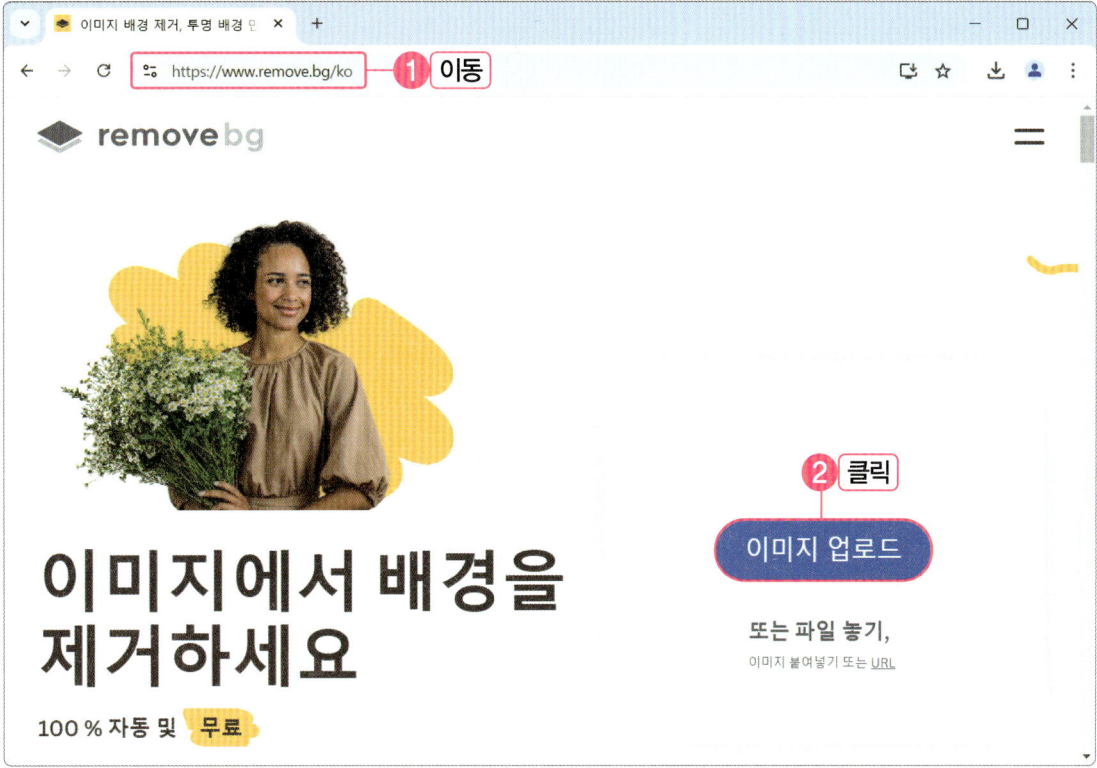

2. [열기] 대화상자가 나타나면 [13장]-[불러올 파일] 폴더의 사진(강아지1.jpg)을 선택하고 [열기]를 클릭하여 이미지 파일을 불러옵니다.

Chapter 13 사진 배경 삭제하기 • **085**

❸ 불러온 사진의 배경이 자동으로 투명하게 수정됩니다. 투명해진 배경을 다른 배경으로 수정하기 위해 [배경(+ 배경 신규)]을 클릭합니다.

❹ 화면 오른쪽에 배경 목록이 표시되면 [사진] 또는 [색]을 선택 후 원하는 배경을 선택합니다.

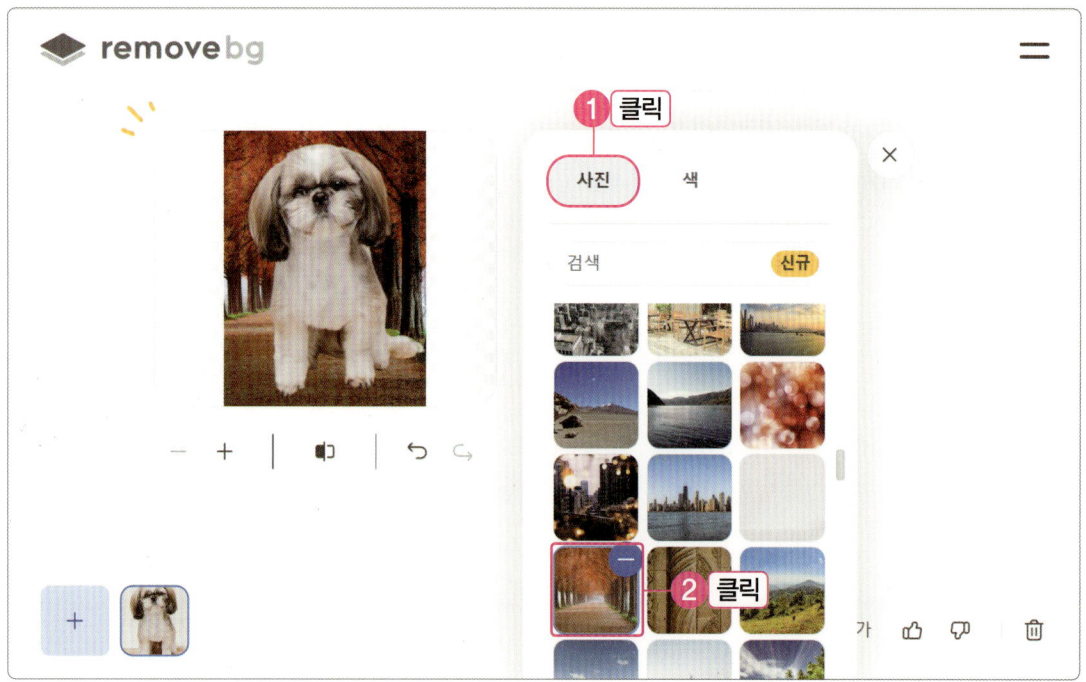

❺ 배경이 완성되었으면 [다운로드(다운로드)]를 클릭하여 바탕화면에 저장합니다.

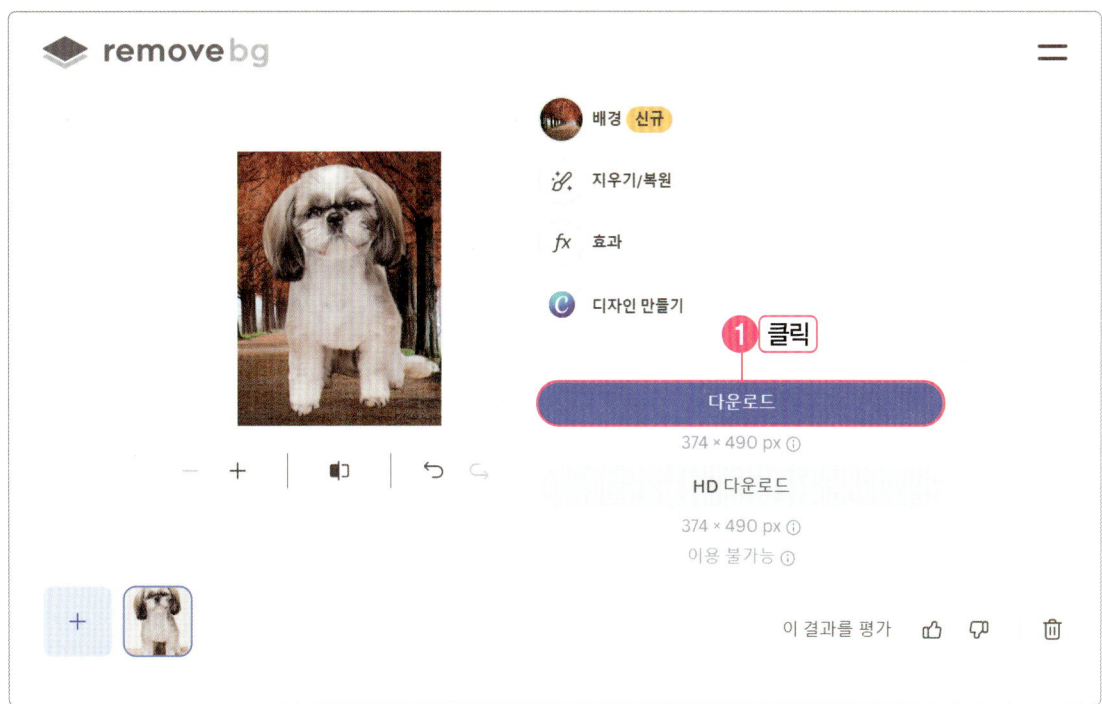

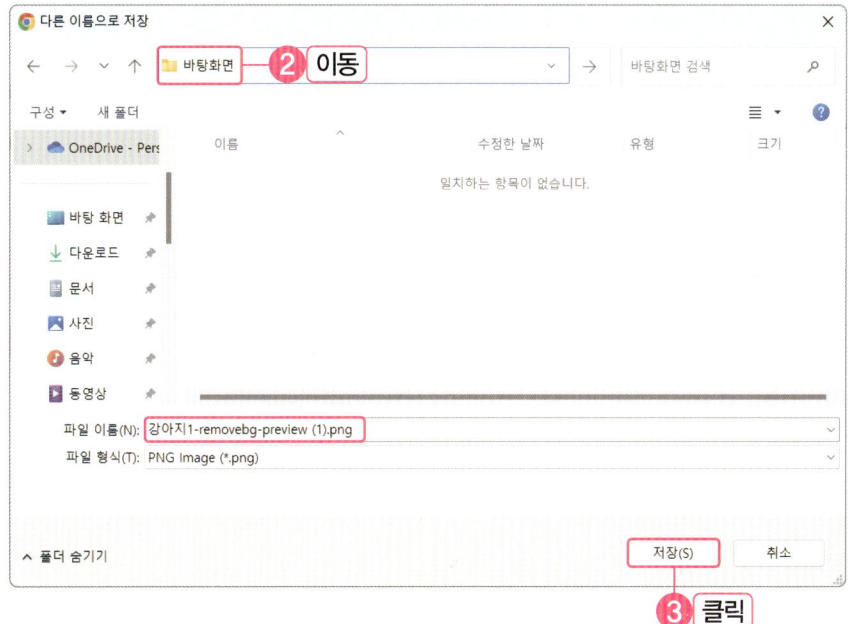

❻ 추가로 다른 사진을 편집하기 위해 실행 화면 왼쪽 아래의 [추가(+)]를 클릭한 후 [열기] 대화상자의 [13장]-[불러올 파일] 폴더에서 원하는 사진을 선택하여 추가합니다.

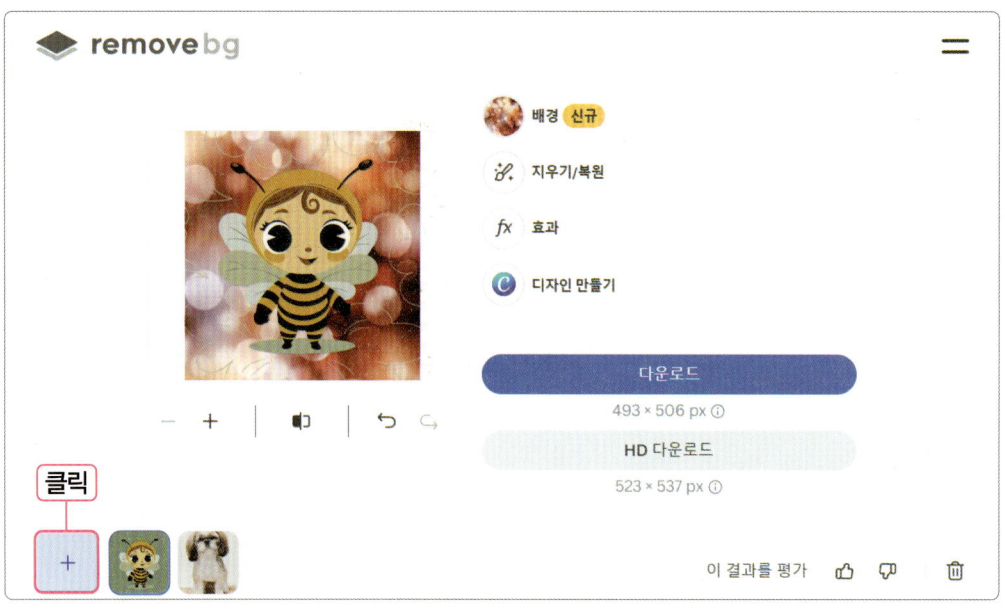

❼ 같은 방법으로 4장의 사진을 불러와 배경을 바꾸고 [다운로드]를 합니다.
   ※ 강아지1.jpg, 사진2.jpg, 강아지3.jpg, 사진4.jpg 등을 추가하였으며, 추가된 사진은 실행화면 왼쪽 아래에 표시됩니다.

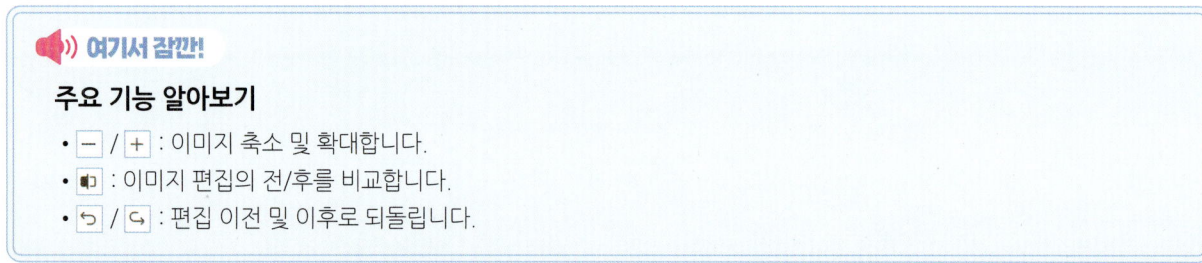

주요 기능 알아보기
- − / + : 이미지 축소 및 확대합니다.
- 🔊 : 이미지 편집의 전/후를 비교합니다.
- ↶ / ↷ : 편집 이전 및 이후로 되돌립니다.

2 파워포인트로 키링 만들기

① 파워포인트를 실행하고 [파일]-[열기]-[찾아보기]를 클릭한 후 [열기] 대화상자에서 [13장]-[불러올 파일] 폴더의 [키링만들기] 파일을 불러옵니다.

② 첫번째 키링의 도형을 선택하고 [도형 서식]-[도형 채우기]-[그림]을 클릭합니다.

③ [그림 삽입] 화면의 [파일에서]를 클릭한 후 바탕화면에 저장해둔 편집된 사진을 삽입합니다.

※ 바탕화면에 저장하지 못한 경우 [13강]-[불러올 파일] 폴더에서 제공하는 사진을 사용합니다.

④ 같은 방법으로 다른 키링의 도형에도 편집한 사진으로 삽입하여 완성합니다.

⑤ 키링 만들기가 완성되면 [파일]-[다른 이름으로 저장]을 클릭하여 저장합니다.

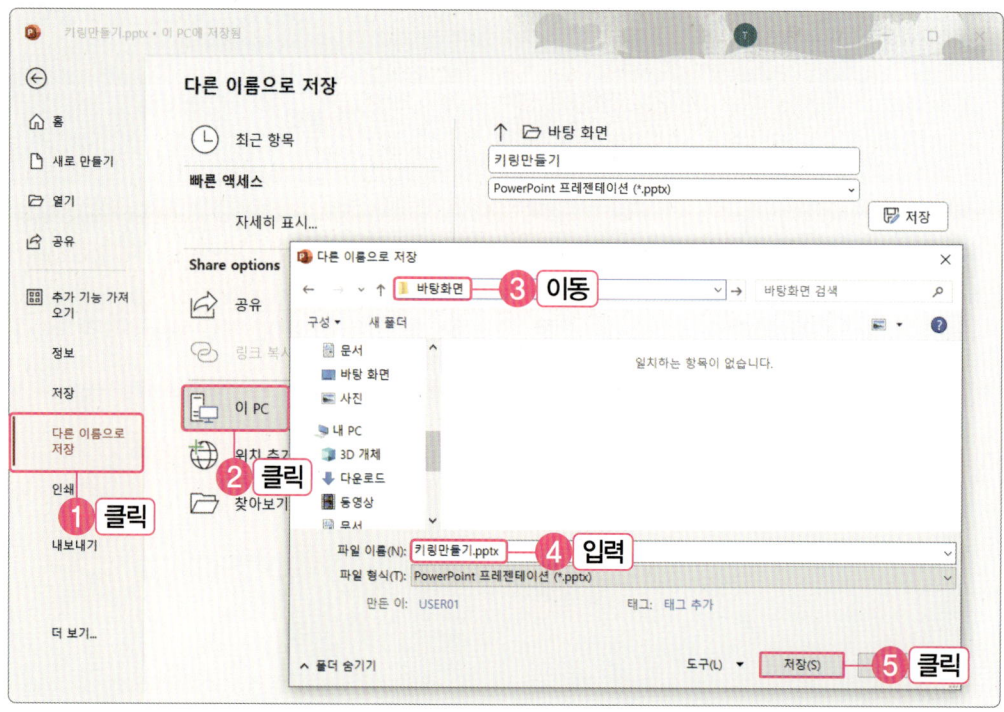

미션 해결하기

01 인터넷에서 다운로드한 사진을 리무브비지로 배경을 편집합니다.

02 파워포인트에서 포토카드를 완성해 보세요.

📁 불러올 파일 : [13장]-[불러올파일]-[포토카드]

CHAPTER 14 인공지능 만화 캐릭터 만들기

학습 목표
- AI로 만화 캐릭터를 만드는 방법에 대해 알아봅니다.
- 파워포인트로 만화캐릭터 뱃지을 디자인 해 봅니다.

완성작품 미리 보기　　■ 불러올 파일 : 만화캐릭터 뱃지.pptx　　■ 완성된 파일 : 만화캐릭터 뱃지완성.pptx

캐릭터(Character)란?
소설이나 만화 등에 등장하는 인물이나 동물, 또는 그 외모나 이야기 내용에 의해 독특한 개성과 이미지가 부여된 존재를 의미합니다.

1 AI 만화 캐릭터 만들기

① 만화 캐릭터를 만들기 위해 [14장] 폴더의 'AI 만화 캐릭터 만들기()' 인터넷 링크를 실행합니다.

② 만화 캐릭터 만들기 화면의 [옵션]에서 [모델(부바디아)]을 바꿔서 [생성]을 클릭합니다. 이때, 만화 캐릭터는 [생성]을 클릭할 때마다 새로운 캐릭터로 랜덤 생성됩니다.

③ [옵션]의 머리 색깔, 헤어스타일, 눈 색깔 등 각각의 세부적인 설정을 바꿔가며 캐릭터를 생성해 봅니다.

④ 마음에 드는 캐릭터가 생성되면 이미지에서 마우스 오른쪽 버튼을 클릭 후 [이미지를 다른 이름으로 저장]을 클릭하여 바탕화면에 저장합니다.

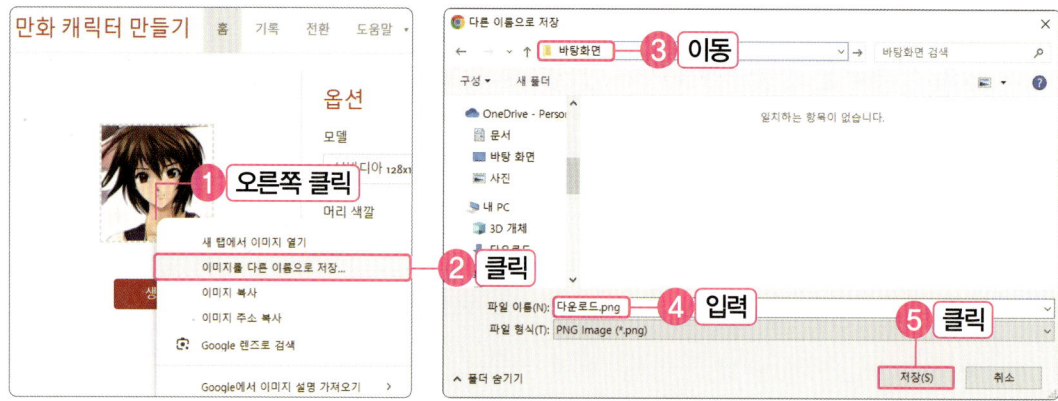

⑤ 같은 방법으로 옵션을 바꿔가며 다양한 만화 캐릭터를 생성하고 8개의 이미지를 바탕화면에 저장합니다.

⑥ 실행 화면의 상단 메뉴에서 [기록]을 클릭하면 최근 생성된 이미지들이 화면에 표시됩니다.

2 파워포인트로 뱃지 디자인하기

① 파워포인트를 실행한 후 [14장]-[불러올 파일]-[만화캐릭터 뱃지] 파일을 불러옵니다.

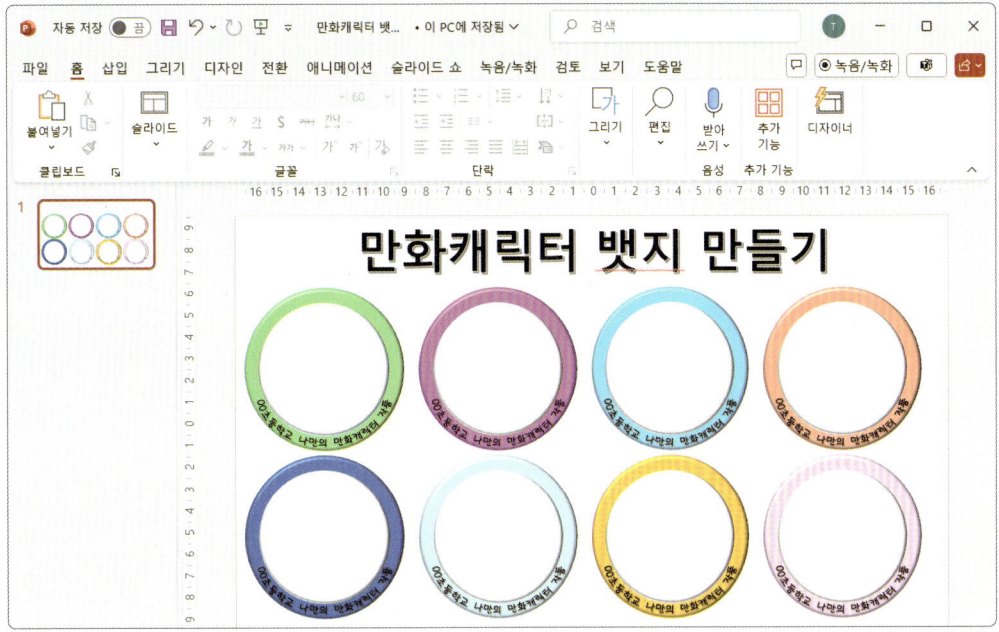

② 뱃지 디자인의 안쪽 타원을 클릭하고 [도형 서식]-[도형 채우기]-[그림]을 클릭합니다.

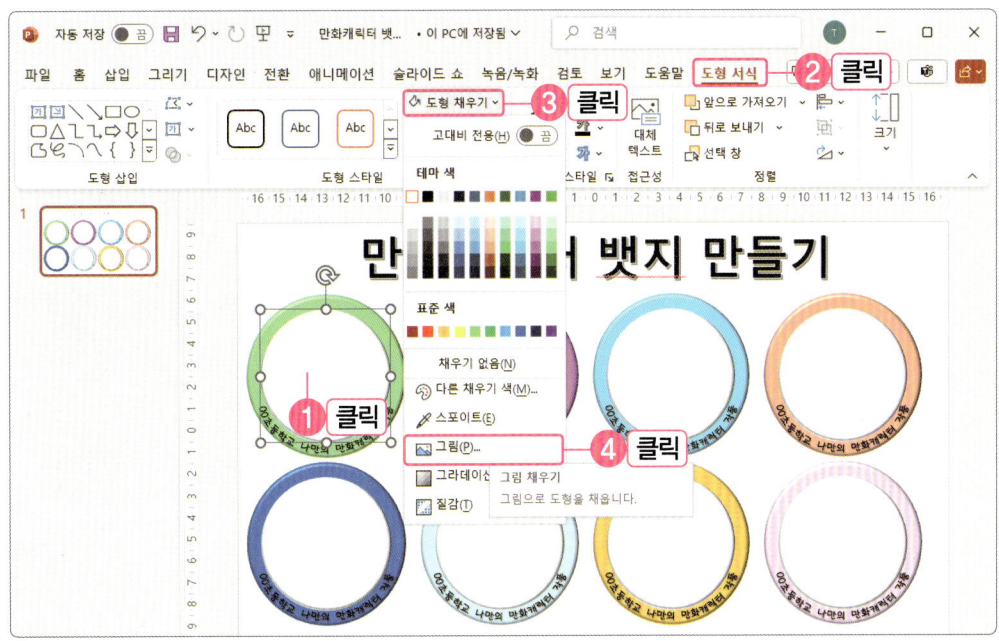

Chapter 14 인공지능 만화 캐릭터 만들기 • **095**

❸ [그림 삽입]-[파일에서]를 클릭하고 바탕화면에 저장된 만화캐릭터 이미지를 삽입합니다.

※ 바탕화면에 저장하지 못한 경우 [14강]-[불러올 파일] 폴더에서 제공하는 사진을 사용합니다.

❹ 다른 뱃지 도형에도 같은 방법으로 [도형 서식]-[도형 채우기]-[그림]으로 모두 삽입합니다.

미션 해결하기

01 AI만화 캐릭터를 생성하고 캐릭터 스티커북을 만들어 봅니다.

📁 불러올 파일 : [14장]-[불러올 파일]-[만화캐릭터 스티커북]

클린업픽쳐스 틀린그림찾기 게임

학습 목표
- 클린업픽쳐스에서 이미지를 삭제하는 방법을 알아봅니다.
- 파워포인트에서 틀린그림찾기 게임을 만들어봅니다.

완성작품 미리 보기

📁 불러올 파일 : 틀린그림찾기.pptx   📁 완성된 파일 : 틀린그림찾기완성.pptx

클린업픽쳐스란?
AI를 기반으로 이미지의 개체, 사람, 텍스트 등을 지우는 프로그램을 의미합니다.

1 클린업픽쳐스에서 이미지 지우기

① 크롬 구글 검색에서 "클린업픽쳐스"를 검색하여 실행하거나, [15장] 폴더의 [클린업픽쳐스] 인터넷 링크를 실행합니다.

② 이미지 파일을 불러오기 위해 [여기를 클릭하거나 이미지 파일을 드래그하세요]를 클릭합니다.

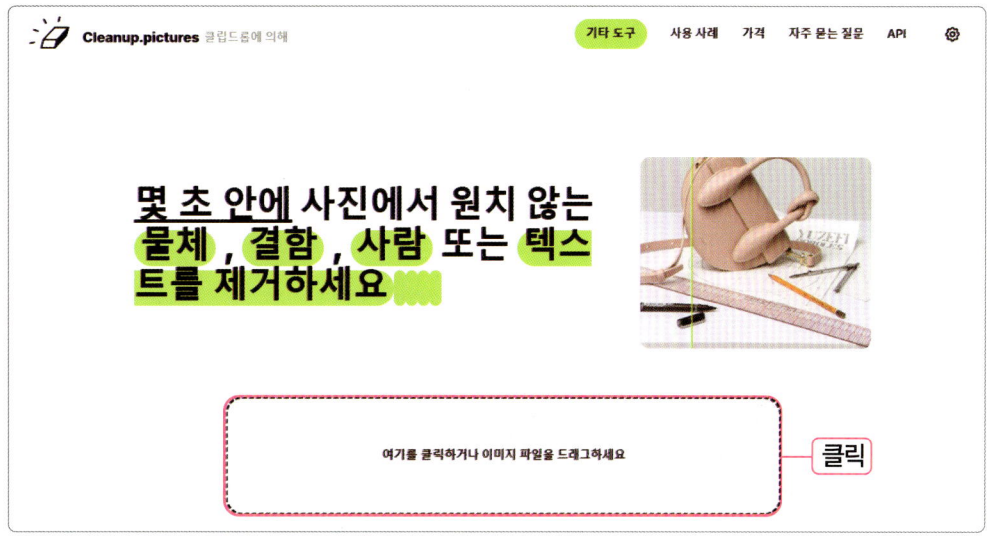

③ [열기] 대화상자가 나타나면 [15장]-[불러올 파일]에서 사진(사진1.jpg)을 선택하고 [열기]를 클릭합니다.

Chapter 15 클린업픽쳐스 틀린그림찾기 게임 • **099**

④ 사진품질 선택 화면이 나오면 [SD로 계속하기]를 클릭합니다.

※ 무료 버전을 사용하므로 품질을 낮추는 항목을 선택해야 합니다.

⑤ 클린업픽쳐스 화면이 실행되면 지우개의 브러시 크기를 조절하여 삭제할 이미지를 클릭하거나 드래그하여 지워줍니다. 이전으로 되돌리고 싶을 경우 취소(↶)를 클릭합니다.

❻ 원본 이미지에서 모두 5군데를 지우개로 지우고 완성되면 화면 우측상단의 [다운로드]를 클릭하여 바탕화면에 저장합니다.

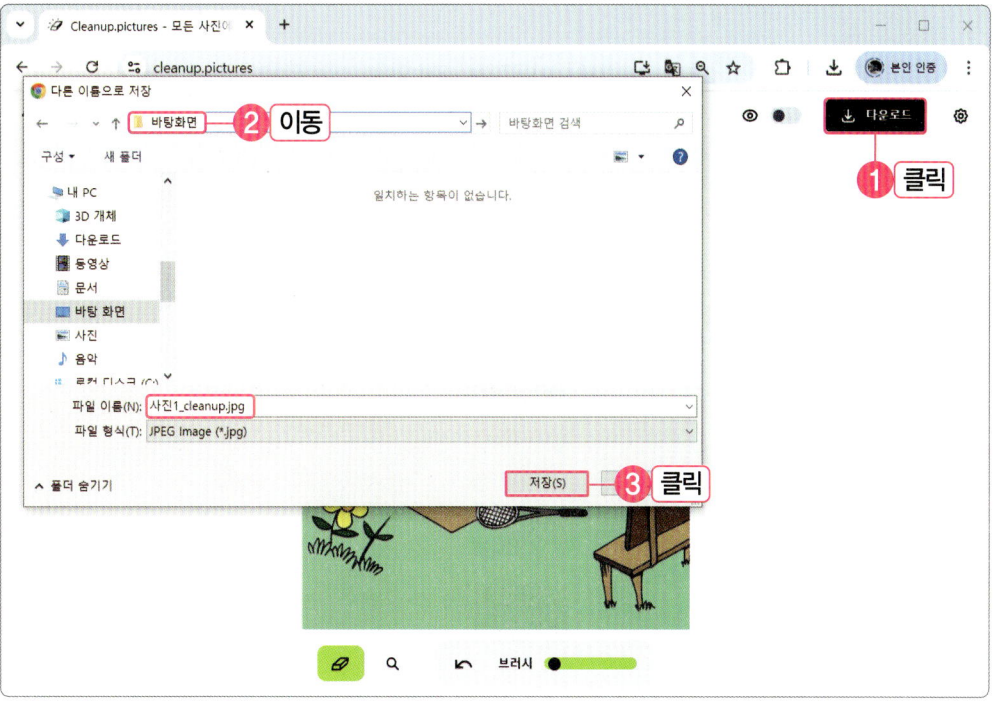

❼ 새로운 이미지를 불러오려면 실행화면 상단 왼쪽에 [새로시작하기(← 새로 시작하다)]를 클릭합니다.

❽ 맨 처음 화면으로 돌아오면 같은 방법으로 '사진2' 파일도 편집 수정하고 바탕화면에 저장합니다.

Chapter 15 클린업픽쳐스 틀린그림찾기 게임 • 101

2 파워포인트에서 틀린그림찾기 게임 만들기

① 파워포인트를 실행한 후 [파일]-[열기]-[찾아보기]를 클릭합니다. [열기] 대화상자에서 [15장]-[불러올 파일]- [틀린그림찾기] 파일을 불러온 후 2번 슬라이드를 선택합니다.

② 2번 슬라이드의 오른쪽 사각형 도형에 틀린그림 이미지를 삽입합니다.

> **TIP**
> 도형 클릭 후 [도형 서식]-[도형 채우기]-[그림]-[파일에서]를 선택한 다음 바탕화면에 저장한 사진 파일을 삽입합니다.

❸ 3번 슬라이드도 같은 방법으로 틀린그림 이미지를 도형안에 삽입합니다.

❹ [슬라이드쇼]-[처음부터]를 클릭하거나 F5 를 눌러 슬라이드쇼를 시작합니다. 슬라이드 쇼 화면에서 마우스 오른쪽 버튼을 눌러 [포인터 옵션]-[펜]을 선택합니다. Enter 를 눌러 2번과 3번슬라이드의 틀린 곳을 펜으로 체크해 봅니다.

※ 2번과 3번 슬라이드의 틀린그림찾기 게임 진행 시간을 10초로 미리 설정하여 10초 경과 후 다음 슬라이드로 이동합니다.

Chapter 15 클린업픽쳐스 틀린그림찾기 게임 • **103**

미션 해결하기

01 인터넷으로 더 많은 이미지를 찾아 다운로드 한 후 클린업픽쳐스 사이트를 이용하여 틀린그림찾기 게임을 만들어 보세요.

memo

CHAPTER 16 포토퍼니아로 사진합성하기

학습 목표
- 포토퍼니아에서 사진을 합성하는 방법에 대해 알아봅니다.
- 망고툰에서 합성 네컷 사진을 만드는 방법을 알아봅니다.

완성작품 미리 보기

■ 불러올 파일 : 없음   ■ 완성된 파일 : 합성네컷완성.png

사진 합성이란?
원본 이미지를 다양한 필터 또는 이미지와 결합하여 새로운 이미지를 만들어 주는 기능을 의미합니다.

1 포토퍼니아로 사진 합성하기

① 크롬 구글검색에서 "포토퍼니아"를 검색하여 실행하거나 [16장]-[불러올 파일] 폴더의 '포토퍼니아 ()' 인터넷 링크를 실행합니다.

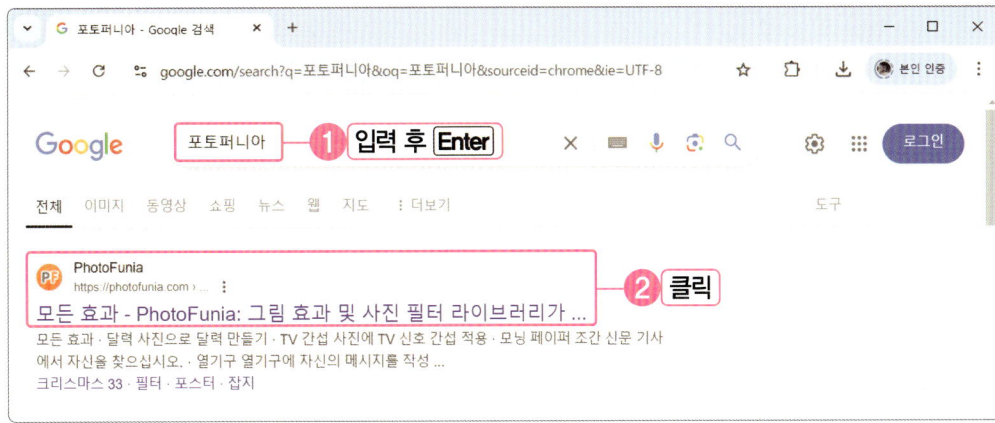

② 포토퍼니아 사진 합성 웹페이지가 열리면 [발렌타인 데이] 종류를 클릭하고 [꽃을 가진 카드]를 선택합니다.

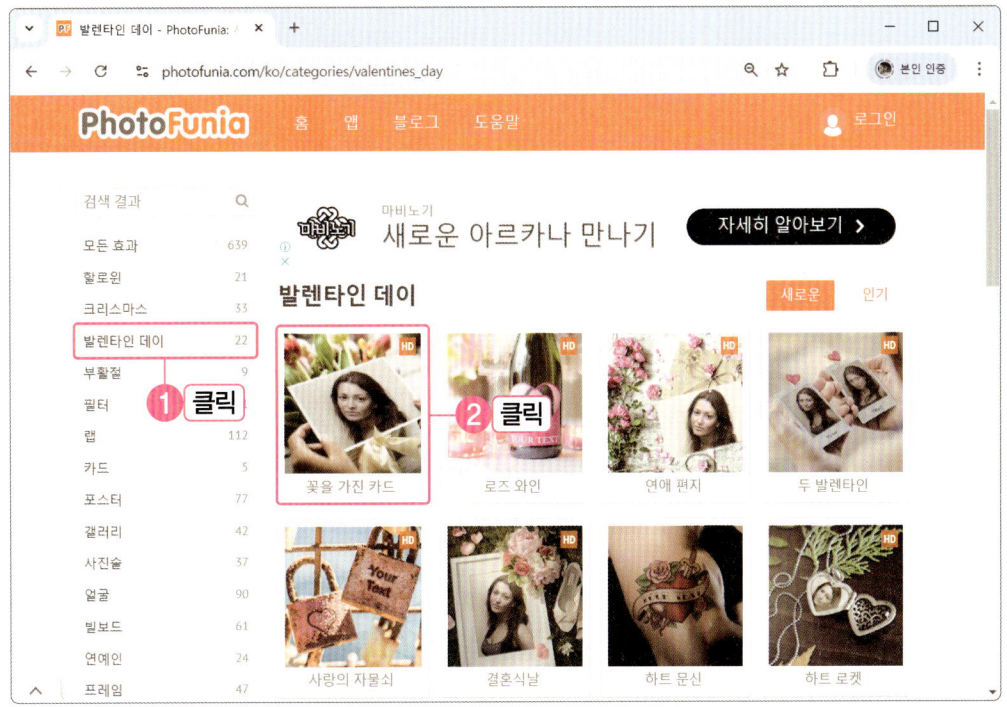

③ [꽃을 가진 카드]에 사진을 합성하기 위해 [사진 선택]을 클릭 후 [업로드]-[PC에서 업로드]을 클릭합니다.

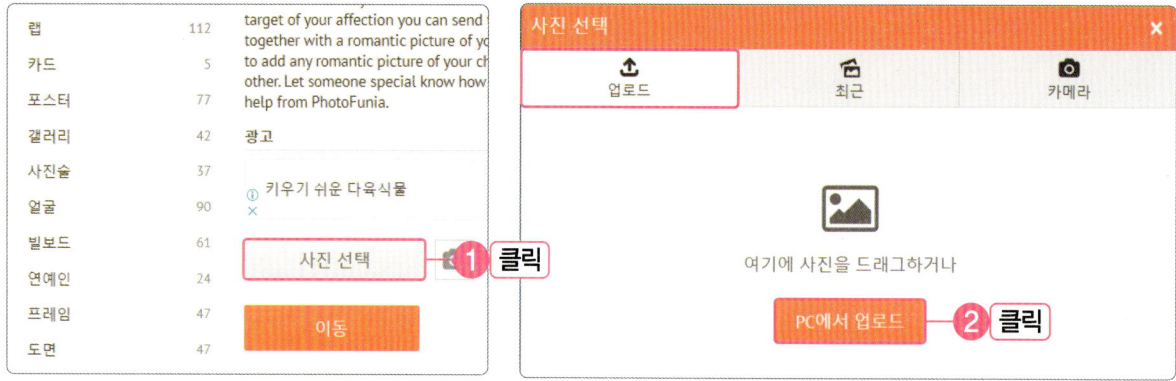

④ [열기] 대화상자가 나타나면 [16장]-[불러올 파일] 폴더의 사진(사진1.jpg)을 선택한 후 [열기]를 클릭합니다.

⑤ 합성할 부분의 이미지를 조절점으로 선택하고 자르기를 설정합니다.

⑥ [사진 선택] 옆에 삽입한 이미지가 작게 표시됩니다.

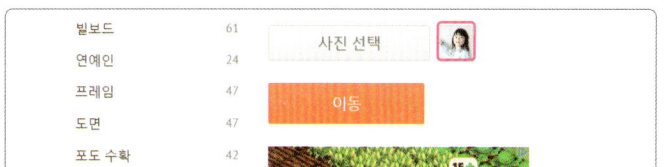

⑦ 결과를 확인하기 위해 [이동]을 클릭합니다.

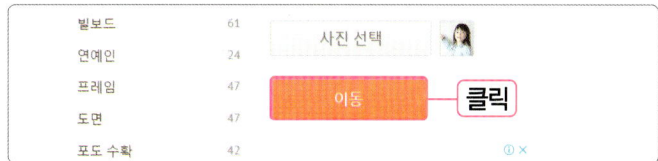

⑧ [꽃을 가진 카드]에 합성된 사진으로 결과 화면이 확대 표시됩니다.

⑨ 완성된 합성 사진에서 [다운로드(다운로드)]를 클릭한 후 바탕화면에 저장합니다.

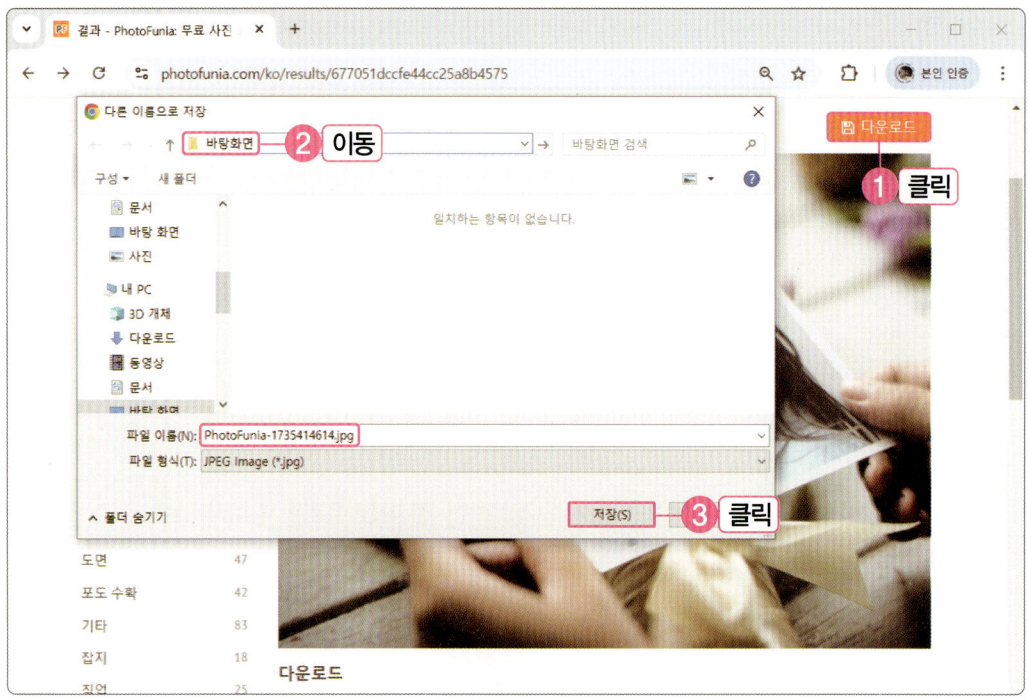

⑩ 같은 방법으로 나머지 3장도 다양한 방법으로 합성 사진을 완성하고 다운로드하여 저장합니다.

2 망고툰으로 합성네컷 만들기

① 크롬 구글검색에서 "망고툰"을 검색하여 실행 후 계정에 [로그인]을 한 다음 [시작하기]를 클릭합니다.

② [템플릿]을 클릭하여 검색 창에 "네컷"을 입력하고 Enter 를 누릅니다.

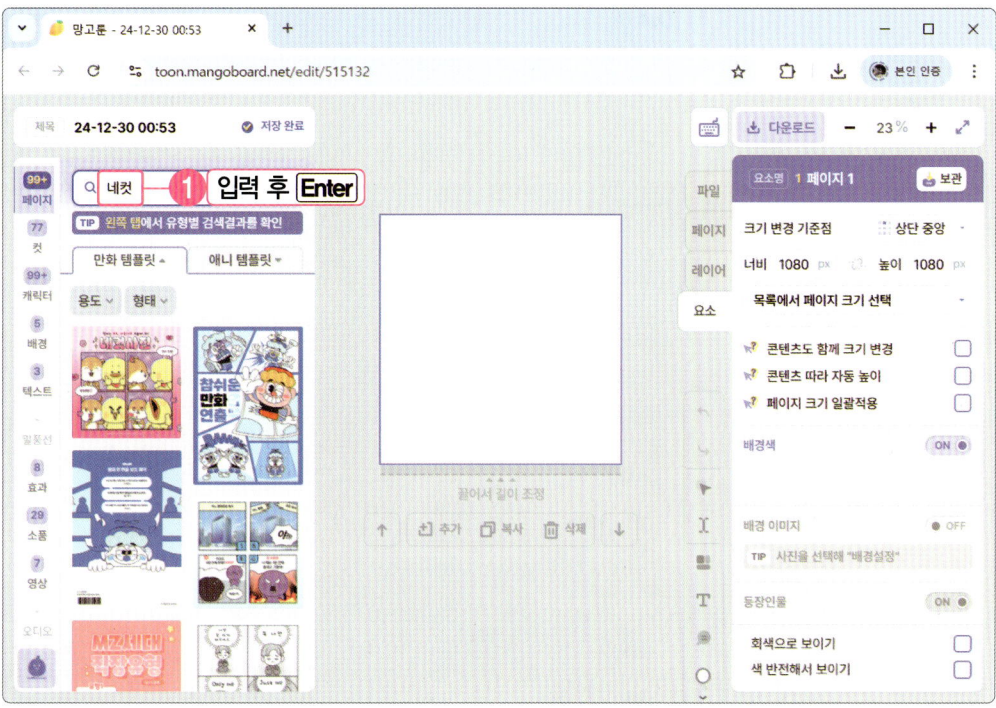

③ 만화 템플릿 목록에서 [네컷사진] 템플릿을 선택하여 캔버스에 적용합니다.

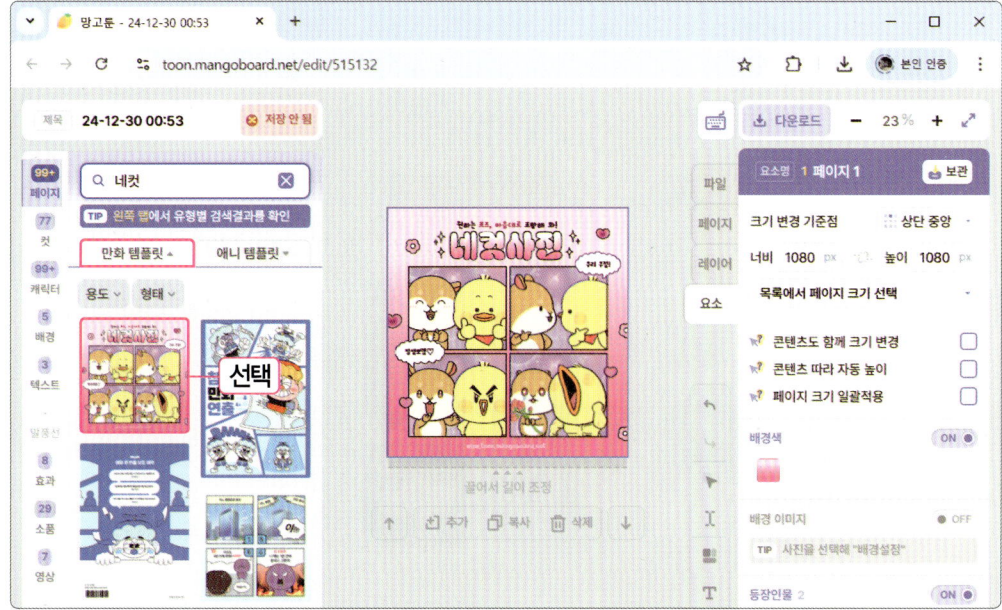

④ 템플릿에 적용된 네장의 사진 요소를 각각 선택한 후 Delete 를 눌러 삭제합니다.

⑤ 제목을 바꾸기 위해 텍스트를 더블클릭한 후, "합성네컷"을 입력합니다. 글꼴 수정을 위해 [요소]-[스타일] 항목에서 원하는 글꼴(고령딸기체)로 수정합니다.

⑥ 왼쪽 템플릿 검색어 입력창의 닫기(✕)를 클릭하면 왼쪽 툴박스가 초기상태로 되돌아 옵니다.

112 • 인공지능과 함께하는 똑똑한 컴퓨터놀이

❼ 왼쪽 툴박스 맨 아래의 [업로드]-[내 파일 업로드]를 클릭한 후 바탕화면에 저장해 둔 합성사진을 열어줍니다.

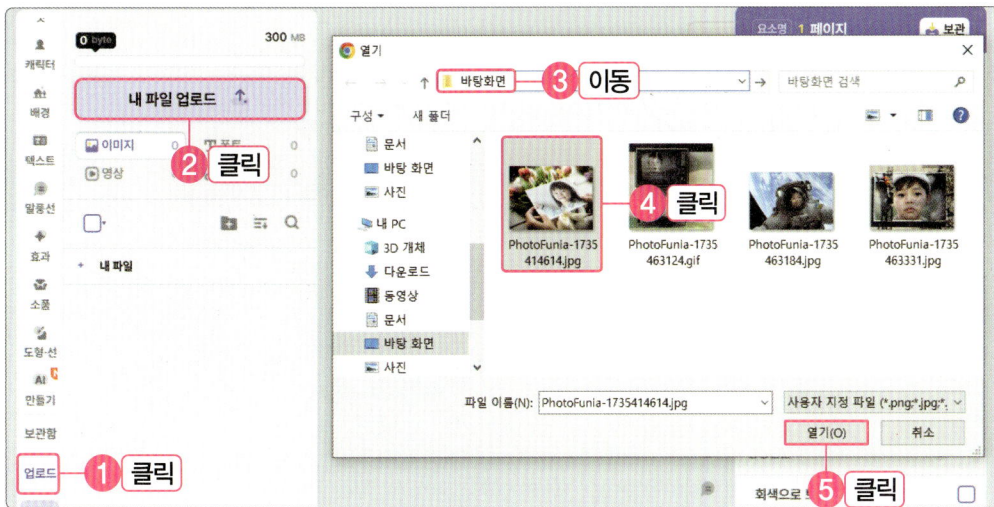

❽ 업로드한 사진의 크기를 바꾸기 위해 비율고정을 해제를 클릭한 후 가로 450px, 세로 400px로 수정합니다.

❾ 같은 방법으로 합성 사진 3장을 모두 업로드한 후 크기를 수정하여 결과 화면과 같이 배치합니다.

⑩ 합성 사진에 말풍선을 삽입하고 텍스트를 입력한 후 텍스트 색상 및 폰트 등을 수정합니다.

※ [레이어 순서]를 맨 위로(⬆)으로 지정하면 이미지 보다 앞에 표시할 수 있습니다.

⑪ 완성 작품을 저장하기 위해 우측의 [다운로드]를 클릭하고 확장자 선택을 한 후 [다운로드]를 클릭하여 저장폴더에 저장합니다.

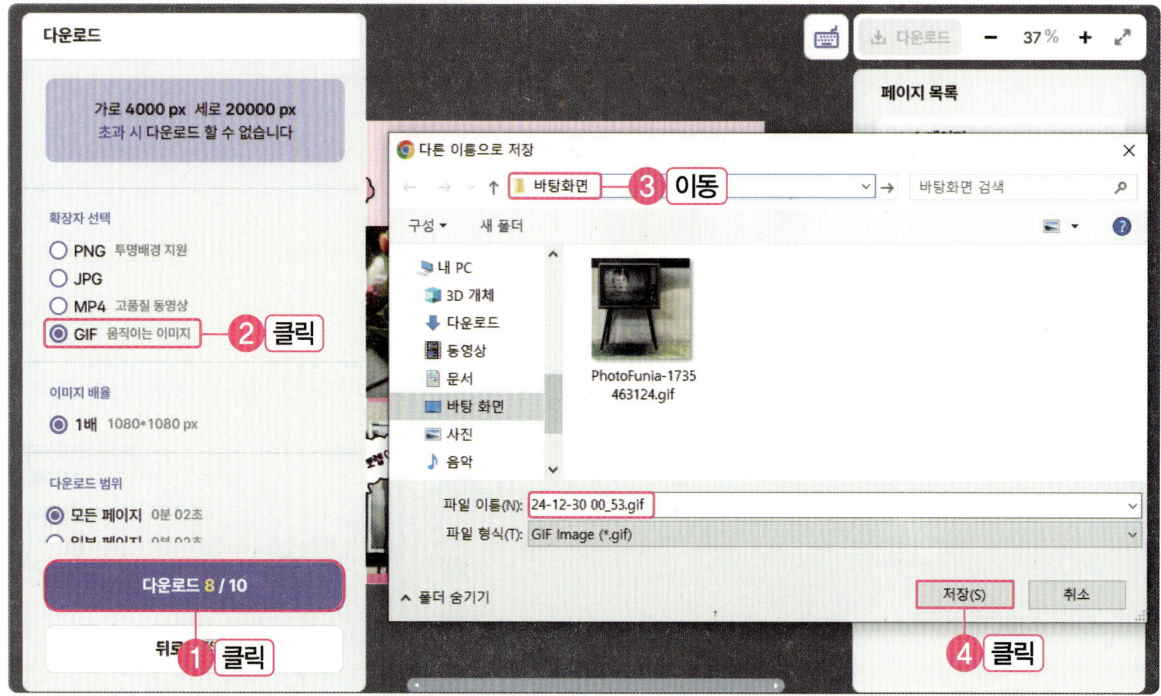

TIP
- 확장자 선택 : 움직이는 애니메이션 파일은 'GIF'를 선택하며, 동영상은 'MP4'를 선택합니다.
- 무료 사용자의 경우 하나의 계정에 하루에 다운로드 할수 있는 파일 개수는 10개로 한정되어 있습니다.

미션 해결하기

01 망고툰의 '네컷사진' 템플릿을 활용하여 [효과], [캐릭터]를 삽입하여 나만의 네컷사진을 완성해 보세요.

02 인터넷으로 연예인사진을 다운로드 하여 포토퍼니아에서 합성사진을 완성해 보세요.

CHAPTER 17
나만의 음악 작곡하기

학습 목표
- 두들바흐로 음악을 작곡하는 방법에 대해 알아봅니다.
- 파워포인트 문서에 음악 파일의 삽입 방법을 알아봅니다.

완성작품 미리 보기

📁 불러올 파일 : 음악회.pptx   📁 완성된 파일 : 음악회완성.pptx

두들바흐(DoodleBach)

사용자가 짧은 멜로디를 입력하면 바흐가 작곡한 306편의 음악을 분석하여 음악 작업을 하는 머신러닝 기술로 기계가 패턴을 인식하고 멜로디에 화음을 넣어 바흐 스타일로 작곡을 해줍니다.

1 두들바흐 음악 작곡하기

① 크롬 구글검색에서 "두들바흐"를 검색한 후 실행하거나, [17장]-[불러올 파일]에서 '두들바흐 AI음악작곡 (두들바흐 AI음악작곡)' 인터넷 링크를 실행한 다음 톱니바퀴 모양의 재생 단추를 클릭합니다.

② 소개 동영상이 실행되면 [건너뛰기(Skip Intro)]를 클릭합니다.

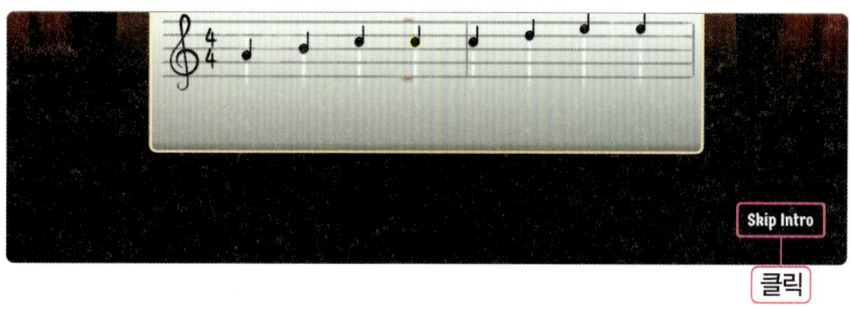

③ 오선지가 표시되면 음표를 자유롭게 그려봅니다.

 **여기서 잠깐!**

❶ 동요 '비행기'의 악보를 불러옵니다.
❷ 동요 '작은별'의 악보를 불러옵니다.
❸ 현재 악보에 작성된 모든 음표를 삭제합니다.
❹ 악보에 입력된 음표의 음악이 재생됩니다.
❺ 음악의 재생 속도를 조절 할 수 있습니다.
❻ 인공지능 화음이 생성합니다.
❼ 전자 음악 스타일로 재생됩니다.

④ 음표를 모두 그려 악보가 완성되면 재생 버튼을 클릭하여 음악을 들어봅니다.
  ※ 악보에 표시된 음표를 클릭한 후 수정 또는 삭제할 수 있습니다.

❺ 'Harmonize( )'를 클릭하면 인공지능이 바흐 스타일의 화음을 만들어줍니다.

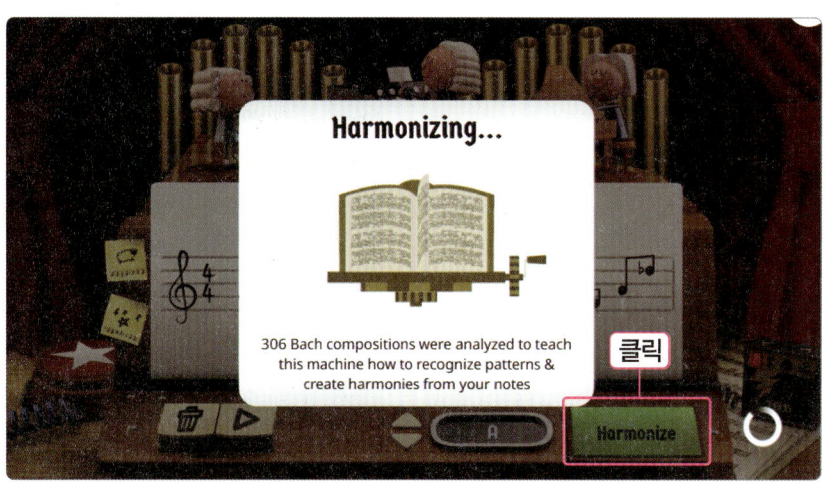

❻ 완성된 화음과 함께 음악을 감상해 봅니다.

🔊 여기서 잠깐!

주요 기능 알아보기
- ⟳ : 새로운 인공지능 화음이 생성됩니다.
- ✏ : 기존 음표를 하나씩 수정할 수 있습니다.

Chapter 17 나만의 음악 작곡하기 • **119**

❼ 마음에 드는 악보가 완성이 되면 음악 파일을 저장하기 위해 [미디 저장(📄)]을 클릭 후 바탕화면에 저장합니다.

❽ 같은 방법으로 2~3개의 음악을 더 작곡하여 저장해 봅니다.

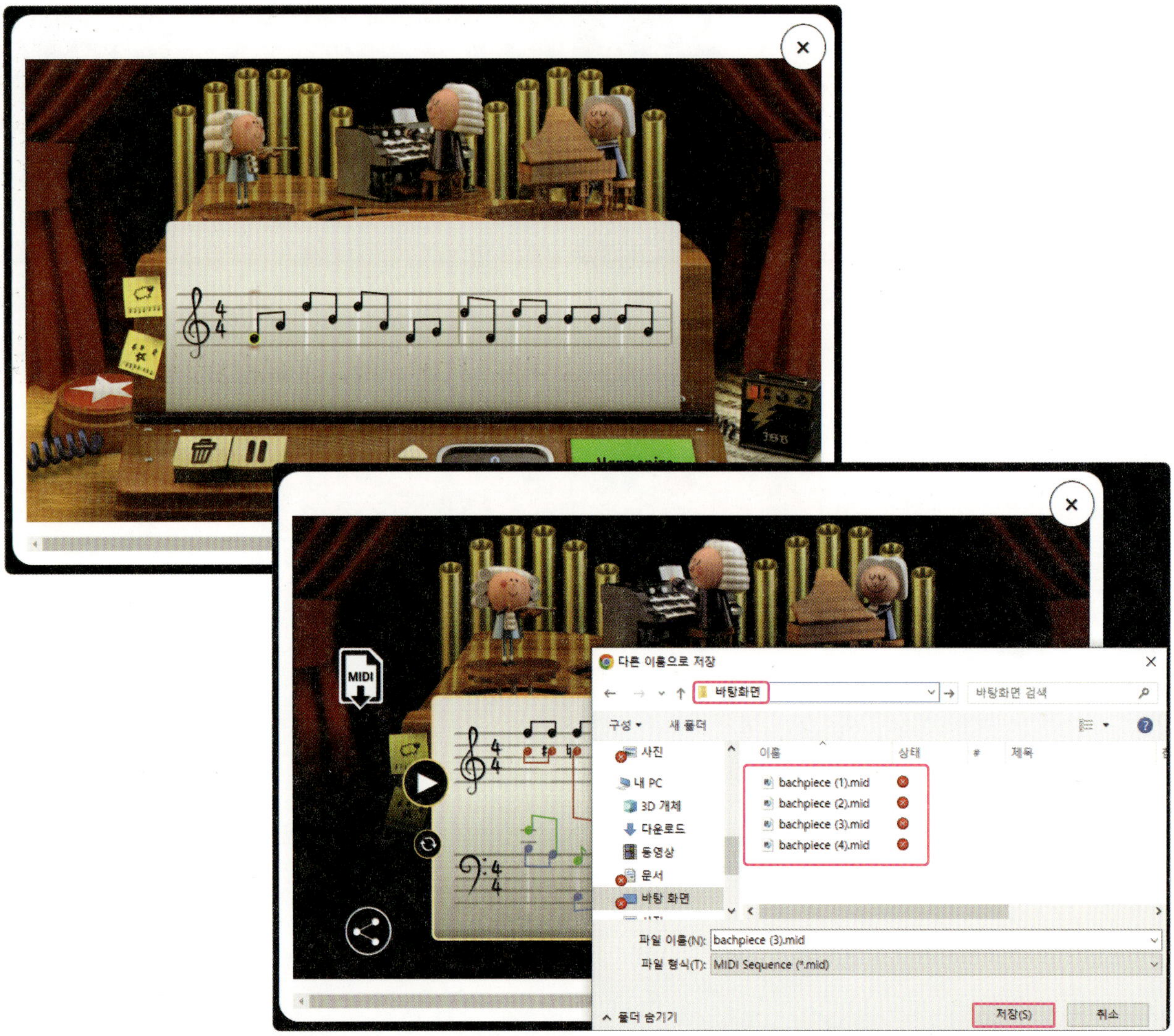

2 파워포인트에 음악 파일 삽입하기

① 파워포인트를 실행한 후 [파일]-[열기]-[찾아보기]를 클릭합니다. [열기] 대화상자에서 [17장]-[불러올 파일] 폴더의 [음악콘서트] 파일을 열어줍니다.

② [삽입]-[미디어]-[오디오]-[내 PC의 오디오]를 클릭하여 바탕화면의 작곡한 음악 파일을 삽입합니다.
   ※ 바탕화면에 저장하지 못한 경우 [17장]-[불러올 파일] 폴더의 파일을 사용합니다.

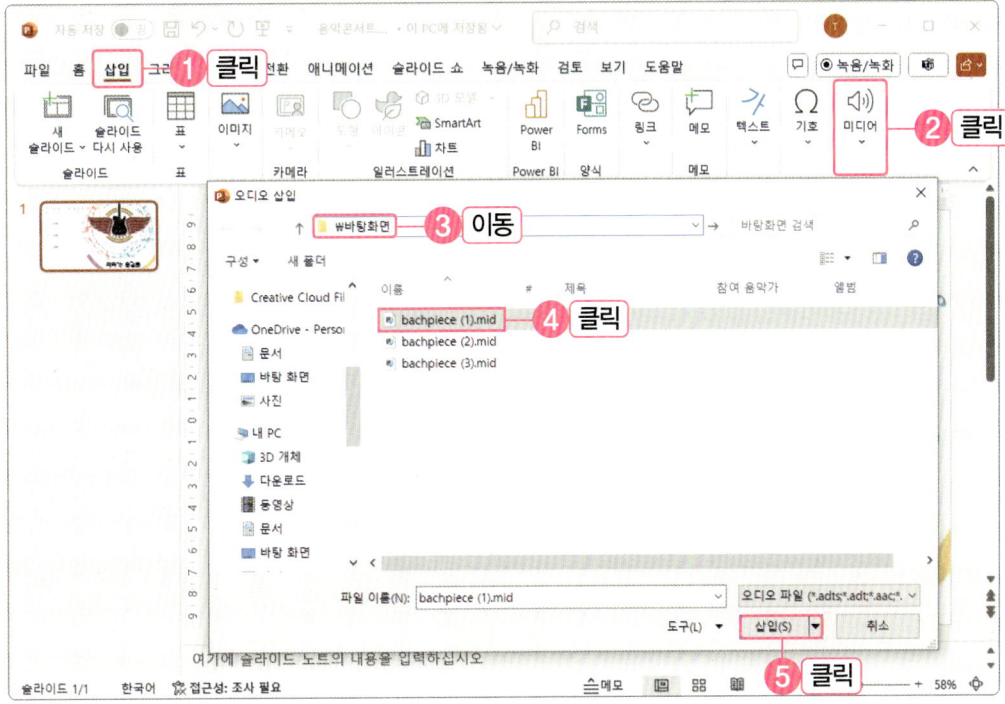

③ 음악 파일이 삽입되면 파일 크기와 위치를 조절하여 배치합니다. 나머지 음악 파일도 같은 방법으로 삽입합니다.

④ '작곡가' 텍스트 상자의 이름을 수정하고 [삽입]-[이미지]-[그림]-[스톡 이미지]를 클릭합니다.

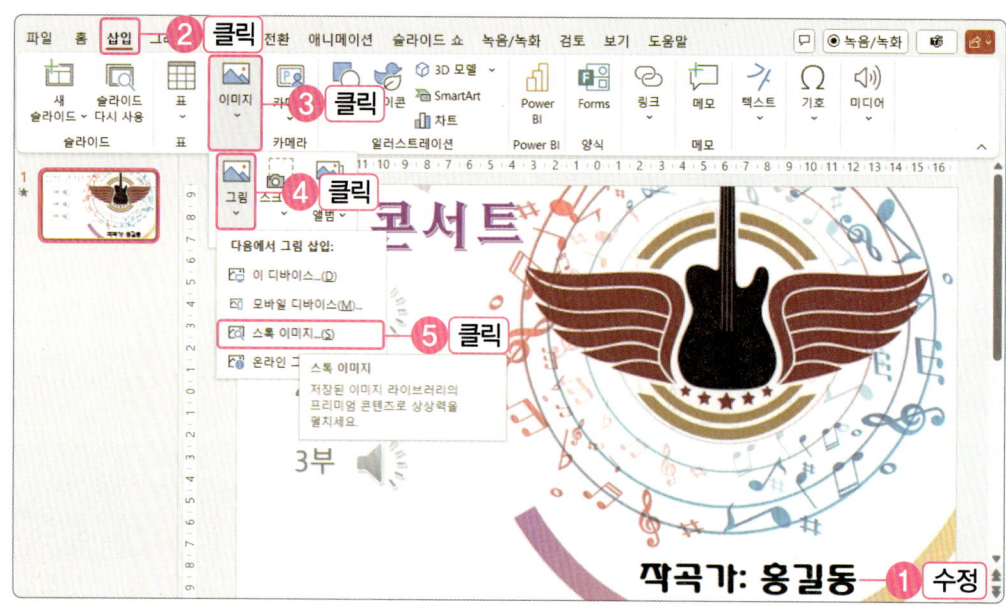

⑤ [스톡 이미지] 화면이 표시되면 [스티커] 탭에서 원하는 스티커(음악)를 검색하여 삽입합니다.

⑥ 마음에 드는 스티커 이미지를 삽입한 후 완성된 파일을 저장폴더에 저장합니다.

미션 해결하기

01 두들바흐 인공지능 음악작곡 웹사이트에서 악보를 완성하고 '전자음악 스타일'로 재생하여 음악을 감상해 보세요.

※ 전자음악 스타일로 재생 하더라도 음악 파일을 저장하면 바흐 스타일로 자동 저장됩니다.

Chapter 17 나만의 음악 작곡하기 • **123**

CHAPTER 18
인공지능으로 오페라 만들기

학습 목표
- 블롭 오페라의 사용 방법을 알아봅니다.
- 파워포인트 문서에 오페라 작품의 삽입 방법을 알아봅니다.

완성작품 미리 보기

📁 불러올 파일 : 오페라발표회.pptx   📁 완성된 파일 : 오페라발표회완성.pptx

블롭 오페라(Blop Opera)

구글 아트&컬쳐에서 제작한 오페라 노래 제작 플랫폼입니다. 베이스, 테너, 메조소프라노, 소프라노 역할의 젤리 인형들을 위아래로 드래그하여 음정을 조정하고 앞뒤로 드래그하여 모음 소리를 변경할 수 있습니다. 각각의 역할은 실제 오페라 가수의 노래를 녹음하여 머신러닝 모델을 통해 만들어진 오페라 노래입니다.

블롭 오페라 만들기

① 크롬 구글검색에서 '블롭 오페라'를 검색하여 실행한 후 [실험 시작]을 클릭합니다.

② 무대의 베이스 젤리 인형을 위쪽으로 드래그하면 베이스, 테너, 메조소프라노, 소프라노 순서대로 인형이 무대에 나타납니다.

③ 각각의 젤리 인형을 위, 아래, 왼쪽, 오른쪽으로 드래그하며 목소리를 확인합니다.

 여기서 잠깐!

블롭 오페라의 기능 알아보기
- 젤리 인형을 위/아래로 움직이면 음정이 바뀝니다.
- 젤리 인형을 왼쪽/오른쪽으로 움직이면 모음 소리를 조절할 수 있습니다.
- 젤리 인형을 가장 높은 음역(위로 드래그)에 있으면 다른 인형들이 화음을 넣습니다.

④ [녹화(●)] 버튼을 클릭한 후 음악 녹화를 시작합니다.

⑤ 녹화가 시작되면 젤리 인형을 드래그하며, 오페라를 완성하고 [정지(●)] 버튼을 클릭하여 정지합니다.

⑥ 녹화된 오페라가 자동 재생됩니다. 녹화된 오페라를 공유하기 위해서 [공유(<)]를 클릭한 후 표시된 링크 주소를 클릭하여 복사합니다.

2 파워포인트에 링크 삽입하기

① 파워포인트를 실행한 후 [18장]-[불러올 파일]-[오페라발표회] 파일을 불러옵니다.

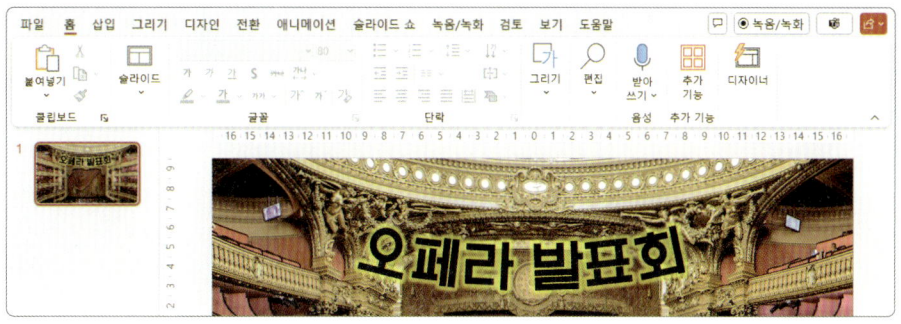

② [삽입]-[도형]-[기본도형]-[사각형 빗면]을 클릭 후 드래그하여 도형을 삽입하고 "시작"을 입력합니다. [도형 서식]의 도형스타일에서 원하는 스타일을 선택하여 수정합니다.

③ 도형에 음악을 연결하기 위해서 도형을 선택 후 마우스 오른쪽 버튼을 눌러 [링크]를 클릭합니다.

❹ [하이퍼링크 삽입] 대화상자가 나타나면 주소 입력란을 클릭 후 붙여넣기(Ctrl+V)를 통해 복사한 주소를 붙여넣은 다음 [확인]을 클릭합니다.

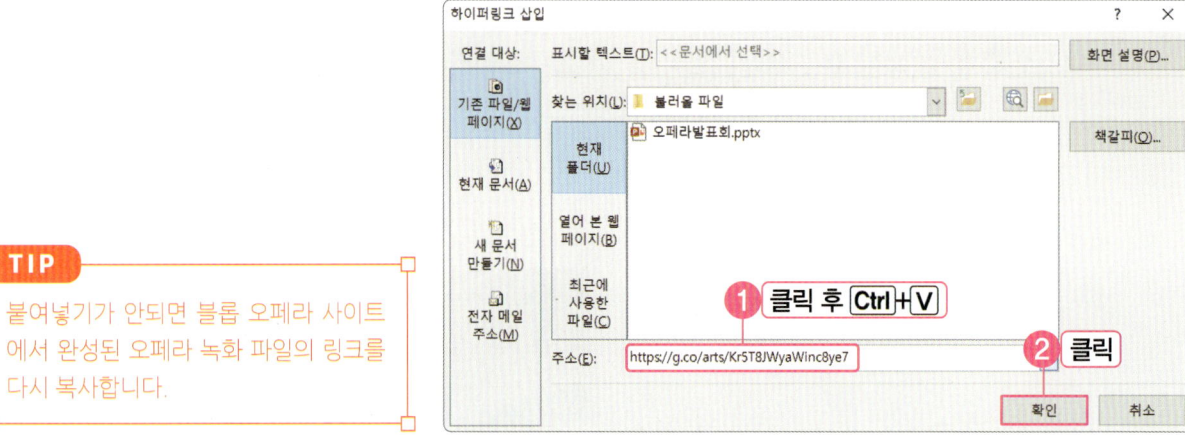

TIP 붙여넣기가 안되면 블롭 오페라 사이트에서 완성된 오페라 녹화 파일의 링크를 다시 복사합니다.

❺ 슬라이드 쇼 보기를 실행하거나 Ctrl을 누른 상태로 [시작] 도형을 클릭하면 완성된 오페라의 녹화 화면 사이트가 바로 열리면서 재생됩니다.

❻ 화면 오른쪽 아래의 [언어(◉)] 아이콘을 클릭하면 서울, 뉴욕, 파리 등 도시 목록이 표시되며, 해당 도시를 클릭하면 각 나라의 대표 노래를 직접 들을 수 있습니다.

미션 해결하기

01 블롭 오페라 사이트에서 세계 여러 나라의 배경을 바꿔가며 오페라를 완성해봅니다.

Chapter 18 인공지능으로 오페라 만들기 • **129**

CHAPTER 19 인공지능 말하는 사진 만들기

학습 목표
- 비드노즈 아바타로 말하는 사진을 만드는 방법에 대해 알아봅니다.
- 파워포인트 문서에 비디오 파일을 삽입해 봅니다.

완성작품 미리 보기   ■ 불러올 파일 : 말하는 아바타.pptx   ■ 완성된 파일 : 말하는 아바타완성.pptx

아바타(Avatar)란?
소셜 미디어, 비디오 게임 또는 가상 세계와 같은 공간에서 자신을 대표하는 디지털 이미지 또는 캐릭터를 의미합니다. 캐릭터 또는 아이콘을 통해 사용자의 성격, 스타일 또는 관심사 등을 표현할 수도 있습니다.

1 비드노즈 아바타 생성하기

① 크롬 구글검색에서 "비드노즈"를 검색하여 실행한 후 [로그인]을 클릭합니다.

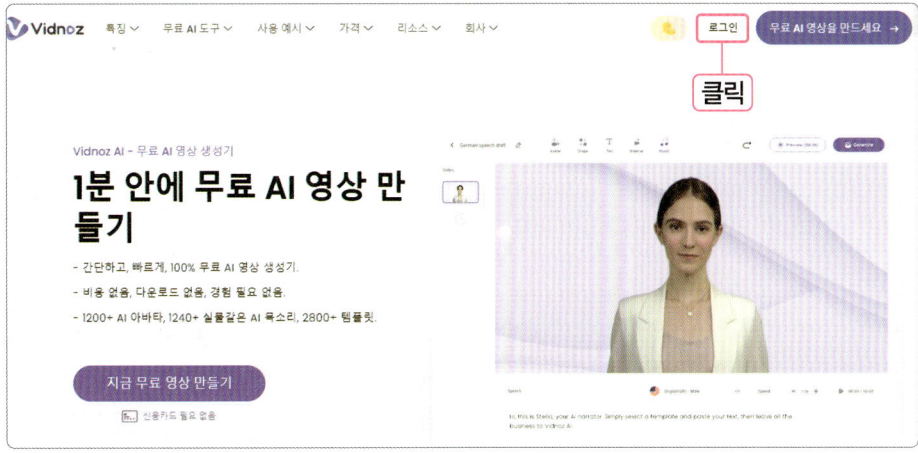

② 로그인 화면이 표시되면 구글(Google) 또는 페이스북(Facebook) 등 기존의 이메일을 통해 가입하거나 아래쪽 이메일 입력란에 이메일 주소를 입력 후 [가입]을 클릭하여 회원을 가입합니다. 이미 계정이 있는 경우 [로그인]을 클릭합니다. (방과후 수업시 단체 계정은 단체계정.pptx 파일 참고)

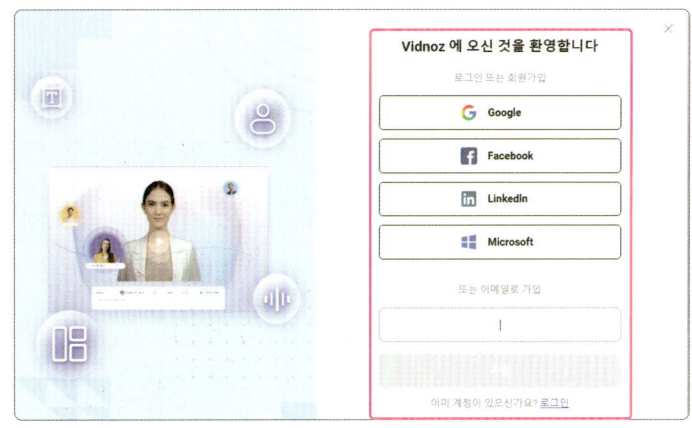

③ 말하는 사진을 만들기 위해 [사진 아바타로 시작하기] 항목의 [AI로 생성하기]를 클릭합니다.

④ [AI로 사진 아바타 생성하기] 화면이 나타나면 아바타 생성을 위한 조건(프롬프트)을 설정하고 [생성하기]를 클릭합니다.

※ 프롬프트란? 컴퓨터 시스템이 어떤 조작을 해야 하는지 지시하기 위한 메시지를 말합니다.
　텍스트 내용 : 갈색단발머리, 동그랗고 뚜렷한 눈동자, 잔디밭 배경

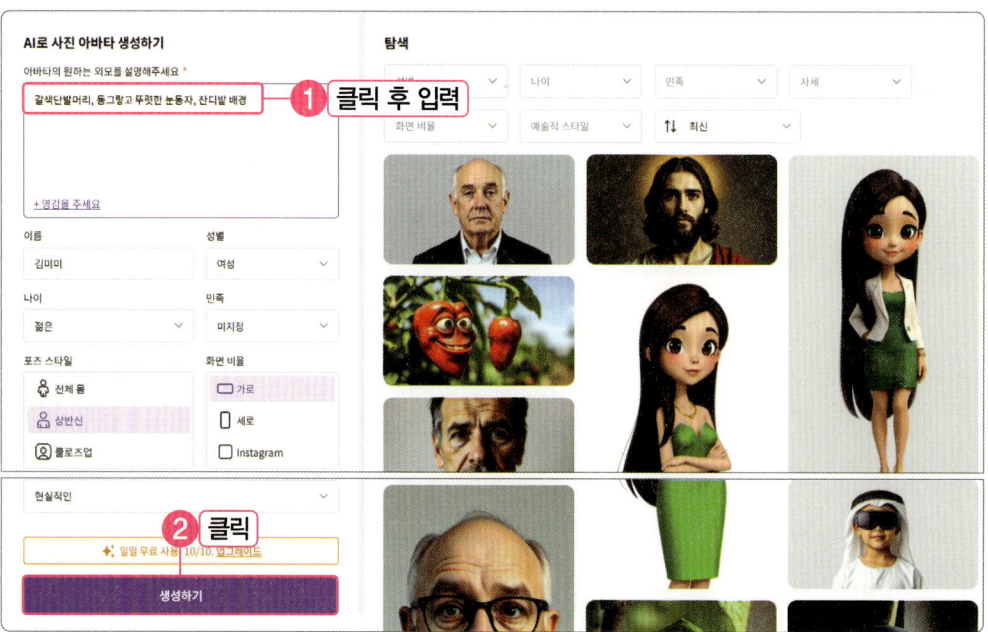

⑤ 프롬프트에 따라 AI가 생성한 아바타들이 화면에 표시되면 원하는 아바타를 선택한 후 [말하는 비디오 만들기]를 클릭합니다.

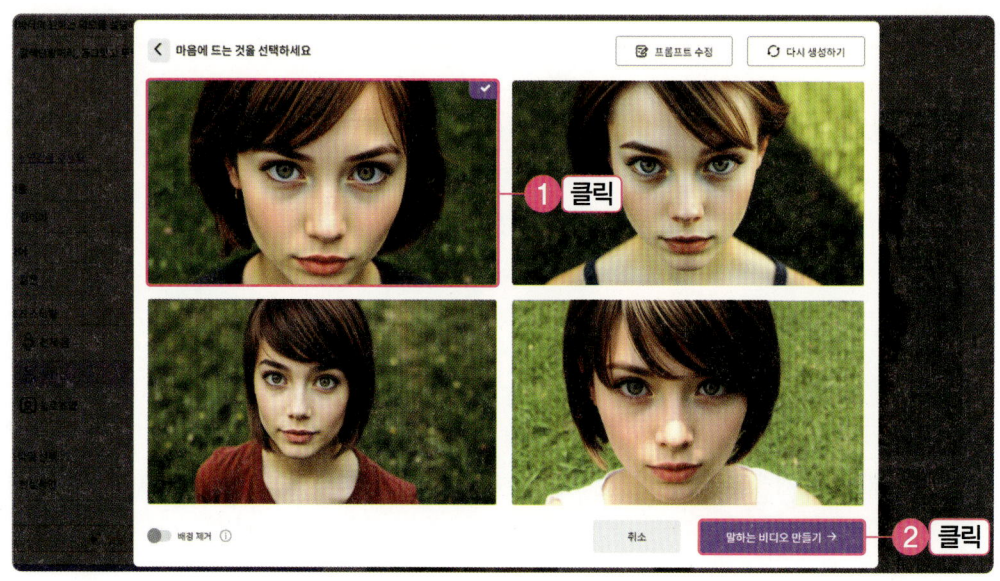

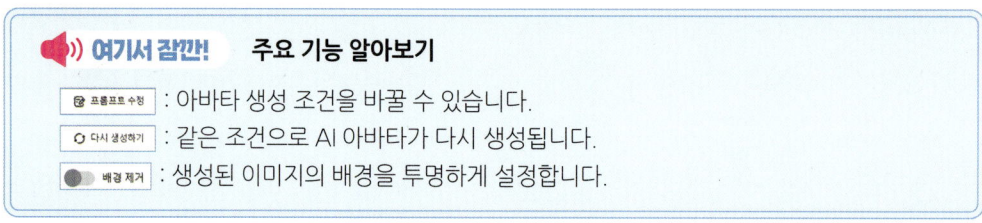

⑥ [음성 텍스트] 탭에서 읽어줄 텍스트를 입력한 후 [생성()]-[동영상 생성]을 클릭합니다.

※ 텍스트 내용 : 안녕하세요~ 저는 인공지능 아바타 미미입니다. 만나서 반갑습니다.

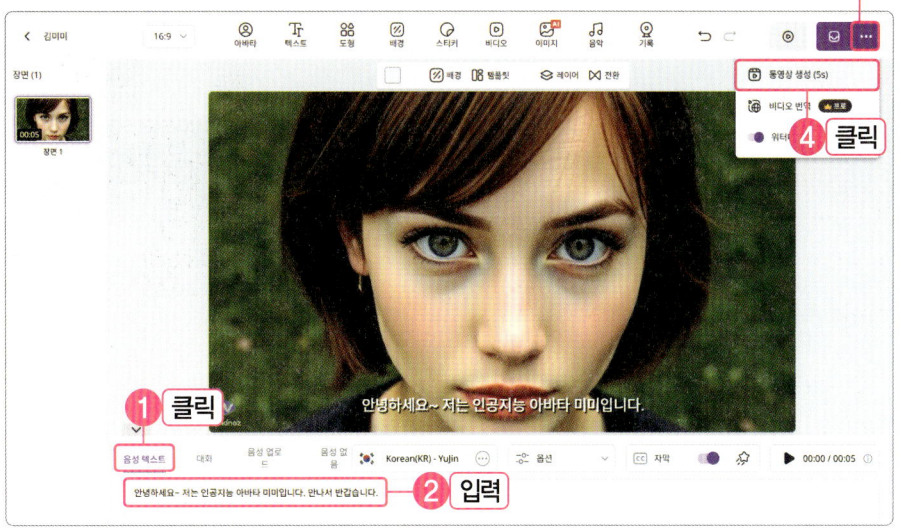

> **TIP**
> ▶ 00:00 / 00:05 : 입력한 텍스트를 읽어주는 음성이 재생됩니다.
> 옵션 : 입력한 텍스트를 속도, 음높이, 볼륨 등을 지정합니다.

⑦ 아바타 음성 비디오 생성이 완료되면 재생을 눌러 확인하고 [다운로드]-[다운로드 720p]를 클릭하여 바탕화면에 저장합니다.

> **TIP**
> 비드노즈 무료사용자 이므로 낮은 화질인 720p 파일로 다운로드 합니다.

Chapter 19 인공지능 말하는 사진 만들기 • **133**

❽ 비디오가 생성되면 웹페이지의 [내 작품]에도 완성된 파일이 보관됩니다.

2 파워포인트에 비디오파일 삽입하기

❶ 파워포인트를 실행한 후 [19장]-[불러올 파일]-[말하는 아바타]를 불러옵니다.

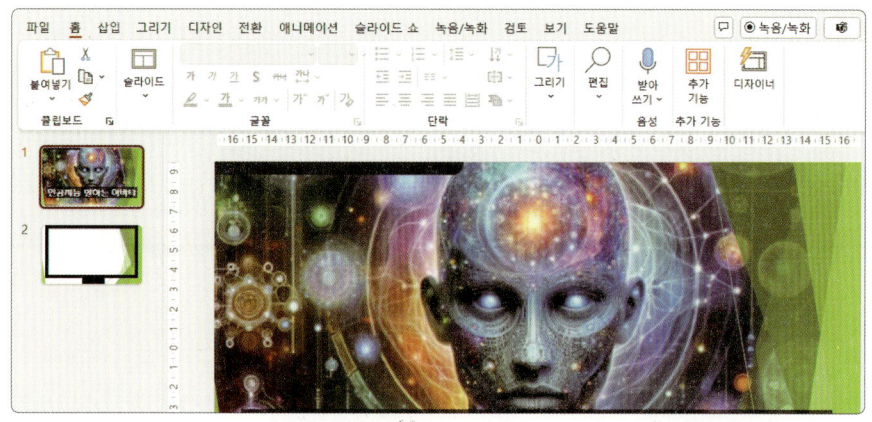

❷ 슬라이드 2번을 선택한 후 [삽입]-[미디어]-[비디오]-[이 디바이스]를 클릭한 다음 바탕화면에 저장한 아바타 동영상 파일을 삽입합니다.

미션 해결하기

01 "비드노즈"에서 새로운 인공지능 아바타를 생성하여 말하는 아바타 비디오를 만들어 보세요.

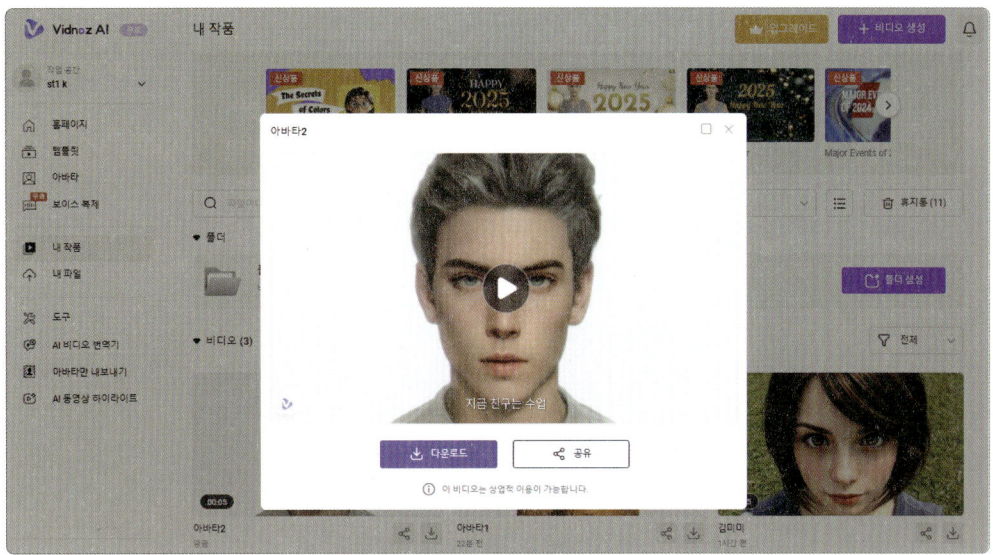

CHAPTER 20
인공지능 발렌타인데이 영상 만들기

학습 목표
- 픽사베이에서 이미지를 다운받아 비드노즈에서 아바타 영상을 만들어 봅니다.
- 파워포인트 문서에 비디오 파일을 삽입해 봅니다.

완성작품 미리 보기

📁 불러올 파일 : 발렌타인.pptx   📁 완성된 파일 : 발렌타인 완성.pptx

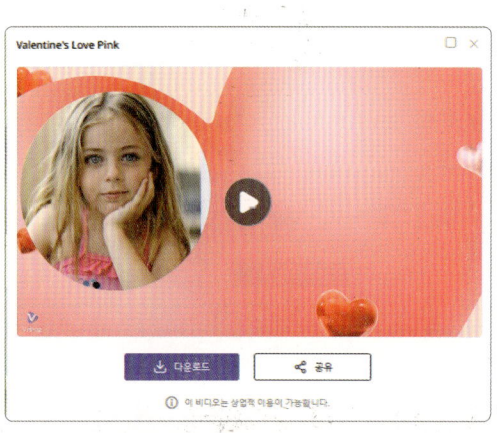

비드노즈(Vidnoz)
사용자가 사진에서 사실적인 말하는 아바타 비디오를 만들 수 있는 온라인 도구를 의미합니다.

1 아바타로 사용할 이미지 다운로드 하기

① 크롬 구글검색에서 무료 이미지를 다운로드 하기 위해 "픽사베이"를 검색한 후 이동합니다.

② 찾고싶은 이미지의 검색어(여자어린이)를 입력하여 이미지를 검색합니다.
검색 목록의 원하는 이미지에서 마우스 오른쪽 단추를 눌러 바로 가기 메뉴의 [이미지를 다른 이름으로 저장]을 클릭한 다음 바탕화면에 저장합니다.

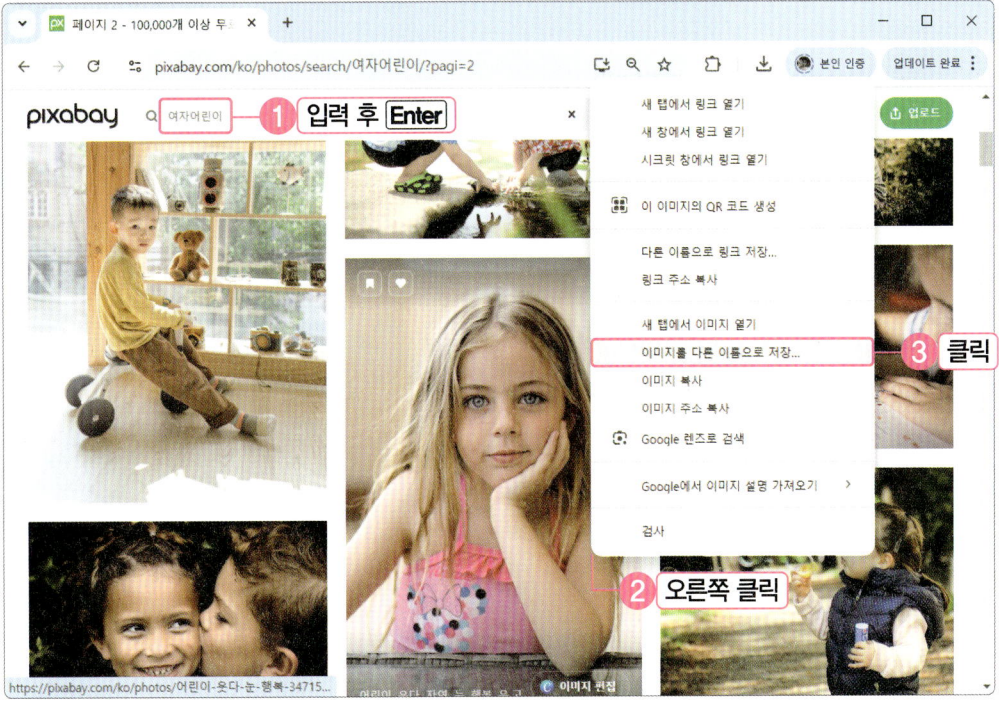

2 비드노즈 영상 만들기

① 영상제작을 위해 크롬 구글검색에서 "비드노즈"를 검색한 후 실행합니다.

② 비드노즈가 실행되면 [로그인]을 클릭 후 이메일로 로그인합니다.
※ 인증 코드는 악위적 행위자의 암호를 추측하는 위험을 줄이기 위한 방법으로 이미지 형태로 나타나는 숫자를 입력합니다.

③ 다운로드한 이미지를 말하는 이미지 형태로 업로드하기 위해 왼쪽 메뉴의 [아바타]를 클릭한 후 [포토 아바타]의 [비공개] 항목에서 [사진 업로드하기]를 클릭합니다.

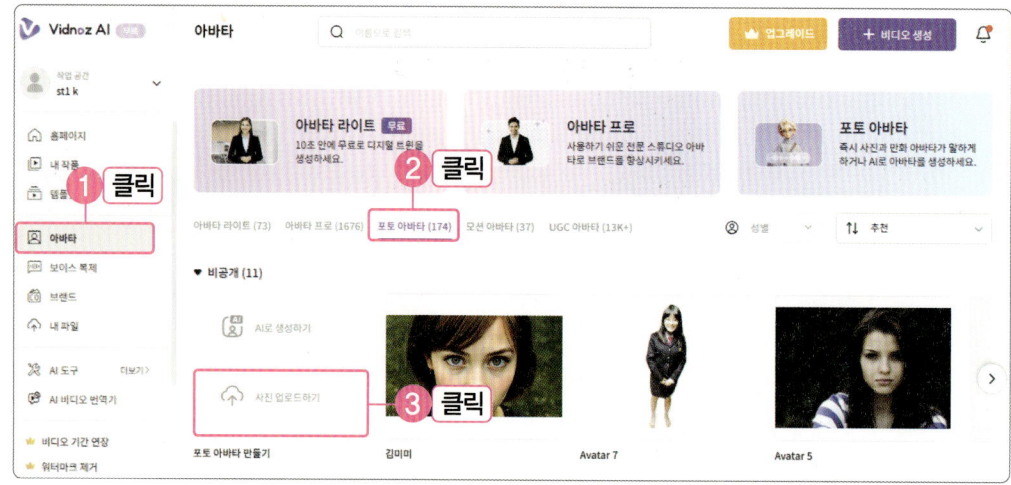

④ 저장해 놓은 이미지를 업로드하고 성별(여성) 등을 지정하고 [다음]을 클릭합니다.

⑤ 업로드한 이미지는 이전페이지(<)를 클릭하여 홈 화면의 [아바타]-[포토 아바타]-[비공개] 목록에 보관된 것을 확인할 수 있습니다.

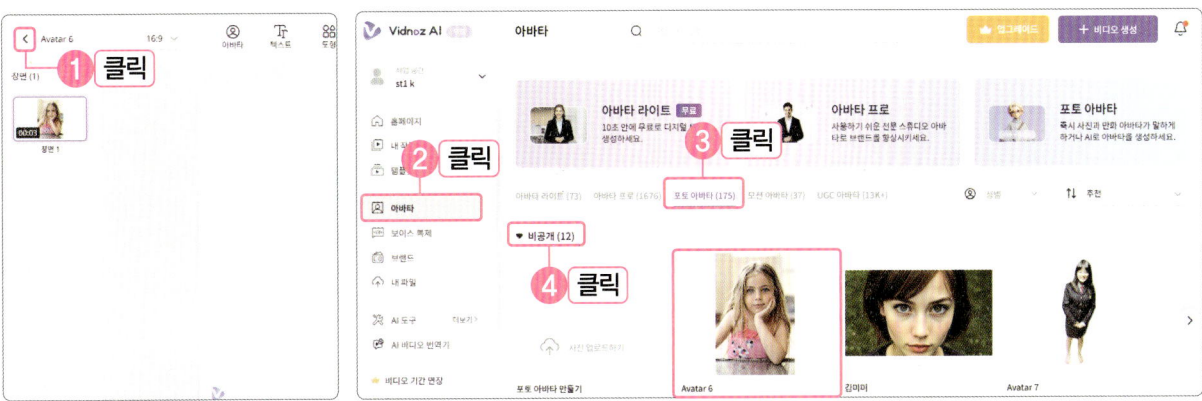

⑥ 발렌타인 영상을 제작하기 위해 [템플릿]-[인사말/초대] 항목을 선택한 후 목록에서 원하는 템플릿을 선택합니다.

⑦ 선택한 템플릿이 확대 표시되면 [이 템플릿 사용]을 클릭합니다.

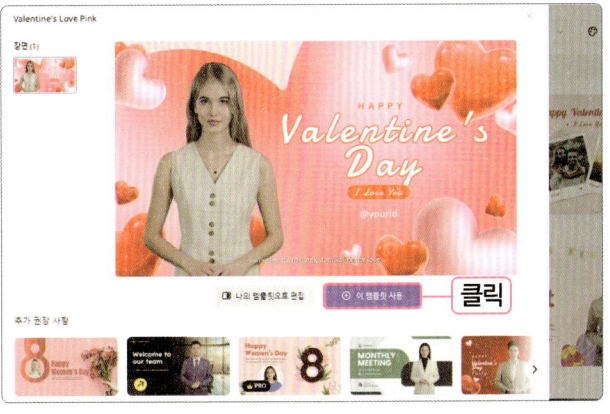

Chapter 20 인공지능 발렌타인데이 영상 만들기 • 139

⑧ 템플릿에서 제공하는 기본 아바타를 삭제한 후 상단 도구의 [아바타]-[사진 아바타]를 클릭한 다음 원하는 사진 아바타를 추가합니다.

⑨ 추가된 아바타의 스타일(원형 머리)을 변경한 후 [음성 텍스트] 항목에서 텍스트 내용을 입력합니다. 필요에 따라 [옵션] 및 [자막] 등을 수정한 후 [생성]-[동영상 생성]을 클릭합니다.

※ 텍스트 내용 : 내 친구에게 행복한 발렌타인 데이가 되기를 바라며 이 영상을 선물로 보냅니다~

⑩ 완성된 영상을 [다운로드]를 클릭하여 바탕화면에 저장합니다.

2 파워포인트에 비디오파일 삽입하기

① 파워포인트를 실행한 후 [20장]-[불러올 파일]-[발렌타인.pptx] 파일을 불러옵니다.

② 슬라이드 2번을 클릭한 후 [삽입]-[미디어]-[비디오]-[이 디바이스]를 클릭하여 발렌타인 영상파일을 삽입합니다.

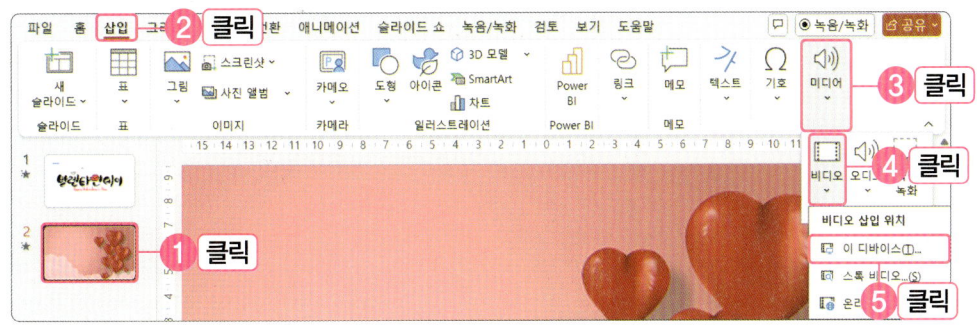

③ 슬라이드에 [삽입]-[그림]-[온라인 그림]을 클릭하고 "발렌타인데이"를 검색하여 그림을 추가합니다.

Chapter 20 인공지능 발렌타인데이 영상 만들기 • 141

④ 삽입한 이미지를 클릭한 후 [애니메이션] 탭에서 애니메이션(바운드)을 지정합니다.

⑤ 슬라이드에 화면전환 효과를 위해 [전환] 탭에서 전환 효과(소용돌이)를 각각의 슬라이드에 설정합니다.

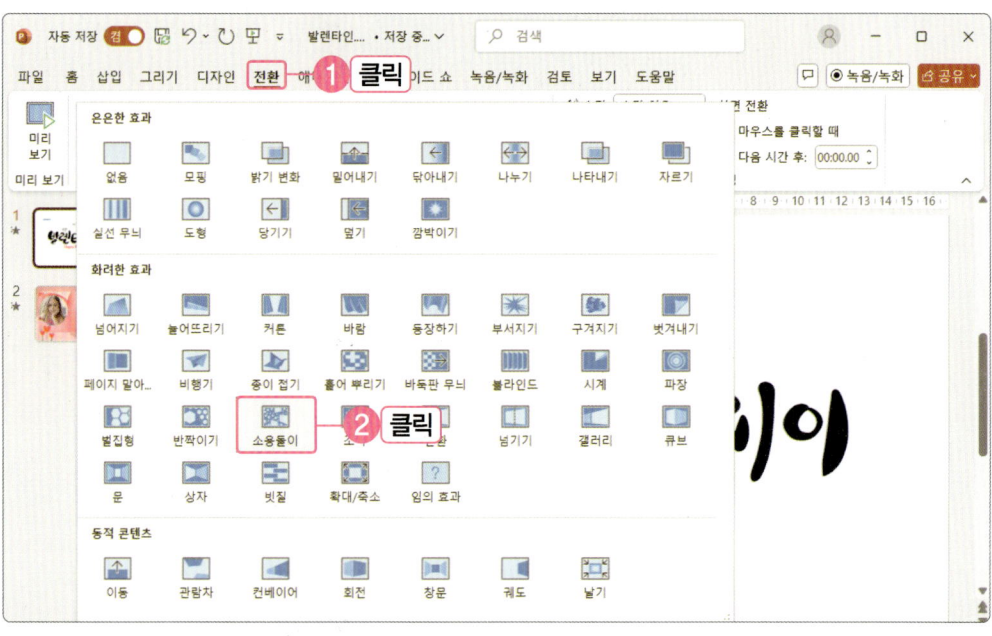

⑥ 완성한 파일은 [파일]-[다른 이름으로 저장]을 클릭한 후 저장폴더에 저장합니다.

미션 해결하기

01 인터넷으로 좋아하는 연예인 사진을 다운로드 하여 파티 초대장(템플릿 선택) 영상을 만들어 보세요.

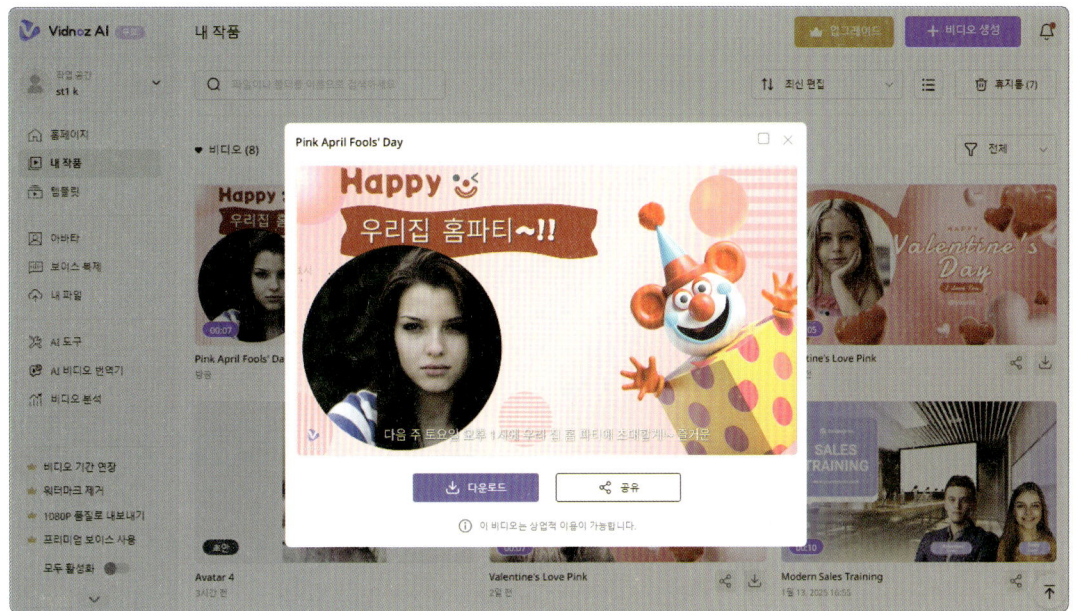

CHAPTER 21

창의력 작품만들기 01
오토드로우로 동물농장 만들기

학습 목표
- 크롬에서 오토드로우 실행하기
- 밑그림에 색칠하고 다운로드하기

오토드로우 동물농장 완성작품 미리보기   🟨 불러올 파일 : 없음   🟩 완성된 파일 : 오토드로우 동물농장 완성.png/동물농장 완성.pptx

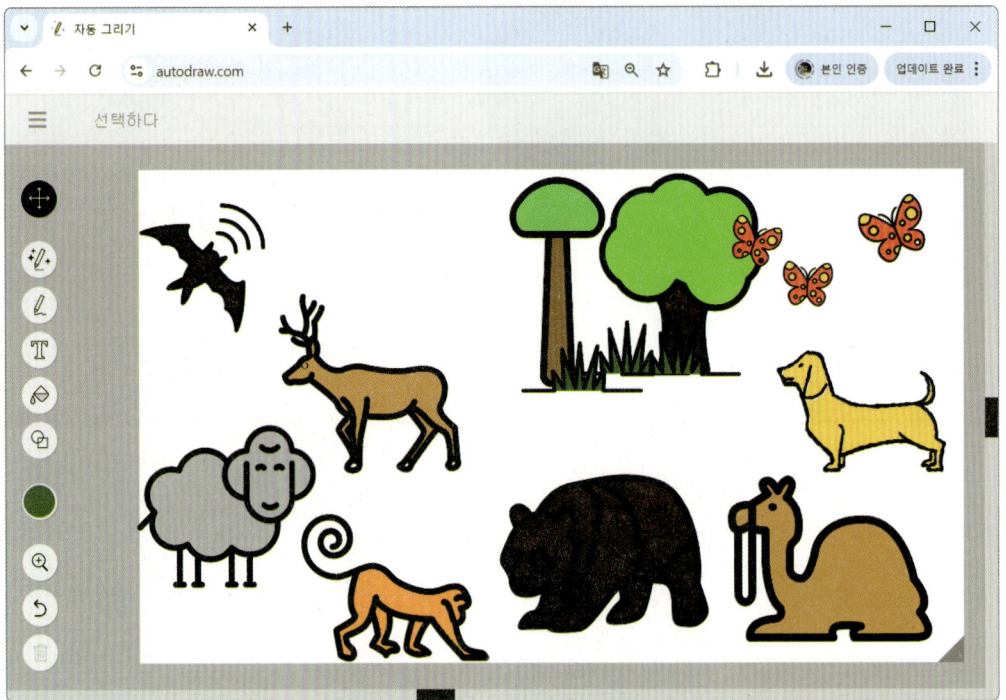

1. 크롬 구글 검색에서 "오토드로우"를 실행합니다.
2. [자동그리기] 도구로 여러 가지 동물을 그린 후 인공지능이 찾아준 그림을 선택합니다.
3. 완성된 밑그림에 [채우기] 도구로 채색합니다.
4. 선택 도구로 이미지 크기변경, 회전, 복사하기 기능을 활용합니다.
5. 완성된 작품은 [다운로드]로 바탕화면에 저장합니다.

동물농장 완성 ppt 완성작품 미리보기

1. 파워포인트를 실행합니다.
2. [삽입]-[그림]을 선택하여 농물농장 파일을 삽입합니다.
3. 워드아트를 삽입하여 "농물농장" 제목을 입력하고 글자효과를 설정합니다.
4. [삽입]-[그림]-[스톡이미지]를 활용하여 추가 이미지를 삽입합니다.
5. 완성된 작품은 저장폴더에 저장합니다.

CHAPTER 22

창의력작품만들기 02
틀린그림찾기 게임북 만들기

학습 목표
- 크롬에서 이미지 다운로드하기
- 클린업픽쳐스 실행하기

클린업픽쳐스 틀린그림찾기 미리보기   ■ 불러올 파일 : 없음   ■ 완성된 파일 : 틀린그림찾기 게임북 완성.pptx

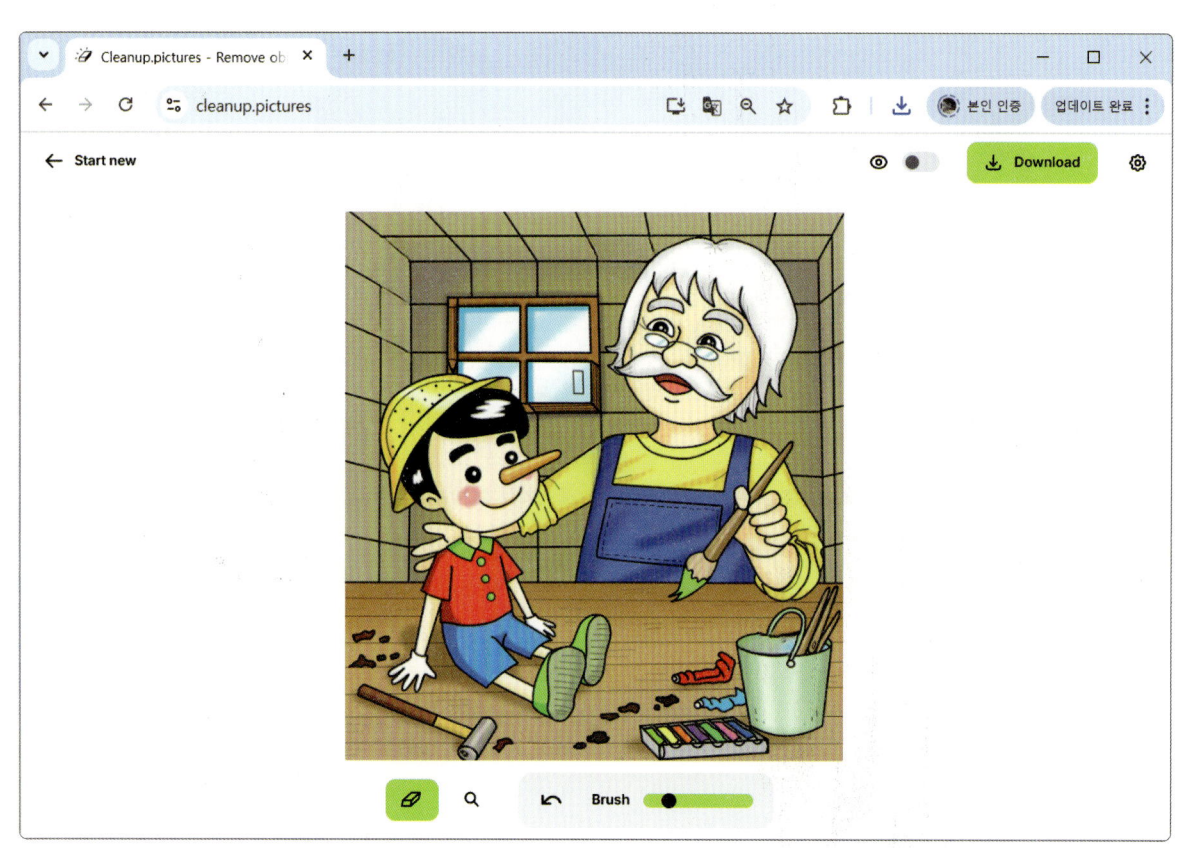

1. 크롬 구글 검색에서 틀린그림찾기 용도의 이미지를 자유롭게 검색하여 5장을 저장합니다.
2. 크롬 구글 검색에서 "클린업픽쳐스"를 검색하여 실행합니다.
3. 이미지를 업로드하고 5군데의 이미지를 삭제하고 다운로드 합니다.
4. 나머지 4개의 이미지를 모두 편집하고 다운로드 합니다.

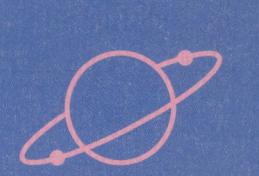

파워포인트 틀린그림찾기 게임북 완성작품 미리보기

1. 파워포인트를 실행하고 슬라이드를 6개를 삽입합니다.
2. 슬라이드 디자인과 레이아웃을 설정합니다.
3. 1번 슬라이드에 제목을 입력하고 서식을 지정합니다.
4. 2번~6번슬라이드에 원본 이미지와 틀린 그림 이미지를 각각 삽입합니다.
5. 화면 [전환]-[다음 시간후 전환]을 설정합니다.
6. 파일을 저장폴더에 저장합니다.

CHAPTER 23

창의력작품만들기03
AI 초상화로 친구소개하기

학습 목표
- 크롬에서 이미지 다운로드하기
- AI 초상화 실행하기

AI초상화 친구소개 완성 작품 미리보기　　　📁 불러올 파일 : 없음　　📁 완성된 파일 : AI초상화 친구소개 완성.png

1. 크롬 구글 검색에서 연예인사진이나 초상화로 사용할 사진을 검색하여 저장합니다.
2. 구글 검색에서 "AI초상화"를 검색하여 실행합니다.
3. 사진을 업로드하여 인물생성기로 스타일을 전환합니다.
4. 완성한 사진을 캡쳐 도구로 저장합니다.

망고툰 친구 소개하기 작품 미리보기

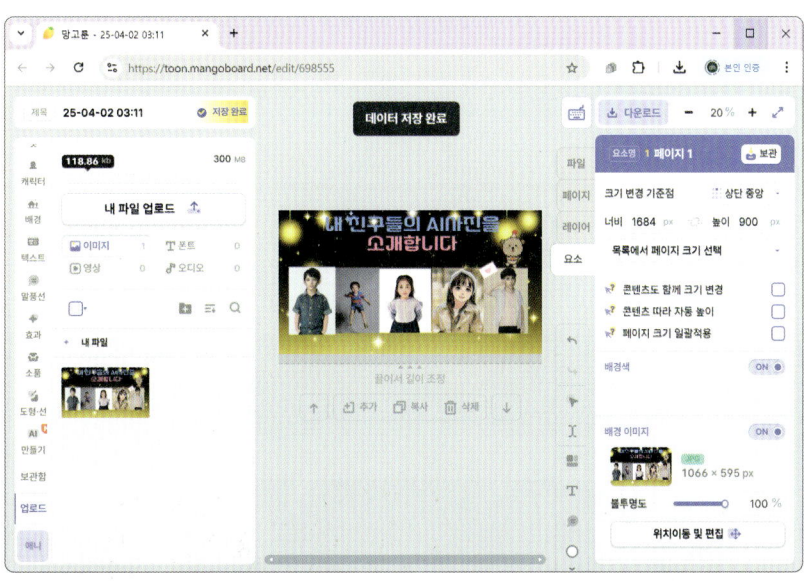

1. 크롬 구글 검색에서 "망고툰"을 실행하고 로그인을 합니다.
2. [파일]-[새로만들기]를 하고 사진을 업로드합니다.
3. 제목 텍스트를 추가하고 글자 디자인을 설정합니다.
4. 캐릭터를 추가하고 동작/표정을 바꿉니다.
5. 완성된 그림 파일을 다운로드하여 저장합니다.

CHAPTER 24

창의력작품만들기 04
비드노즈 새해영상편지 만들기

학습 목표
- 자기사진 파일 준비하기
- 비드노즈 실행하기

새해영상편지 완성 작품 미리보기 ■ 불러올 파일 : 없음 ■ 완성된 파일 : 새해영상편지 완성.png/새해 영상편지 완성.pptx

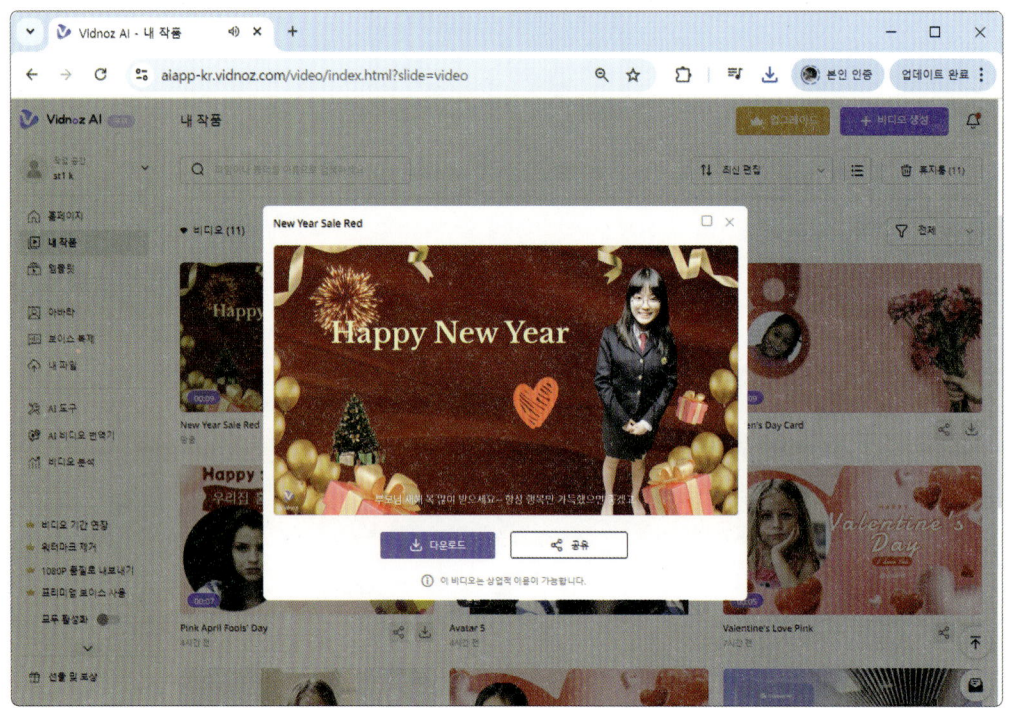

1. 자기사진 파일 준비하기
2. 비드노즈 로그인을 하고 [아바타]-[토킹포토]에 자기 사진을 업로드 합니다.
3. 템플릿을 선택하고 자기사진 아바타를 삽입합니다.
4. 음성텍스트를 입력하고 옵션을 설정합니다.
5. [미리보기]로 목소리를 확인하고 [생성] 버튼을 클릭하여 비디오 영상을 완성합니다.
6. [다운로드]를 클릭하여 저장폴더에 저장합니다.

파워포인트 새해영상카드 완성작품 미리보기

1. 파워포인트를 실행합니다.
2. 페이지 설정 레이아웃 설정과 슬라이드를 추가합니다.
3. 슬라이드 1번에는 텍스트를 입력합니다.
4. 슬라이드 2번에는 비디오 파일을 삽입하고 [비디오형식]-[비디오 스타일]을 설정합니다.
5. 그림 파일을 추가하고 애니메이션을 설정합니다.
6. 슬라이드에 화면 전환효과를 삽입합니다.
7. 완성된 파일을 저장폴더에 저장합니다.

Chapter 24 창의력작품만들기04 비드노즈 새해영상편지 만들기 • **151**

memo